歴史は語る、歴史に学ぶ

現代史考、武士政権考、古代史考

石坂匡身 著

一般財団法人 大蔵財務協会

はじめに

かつては人生50年と言われた。それが80年となり、さらに、人生90年の世になろうとしている。人一人の人生は1回限りで終わるが、子や孫に血筋は引き継がれ、時代と共に一族の歴史が刻まれる。人々が集まり形成する社会、国も、時代とともに歴史が刻まれる。時々の盛衰の因には時代が異なっても共通するものがある。筆者は、これまで、文字なき古代の列島史、倭・古代国家の黎明、頼朝と尊氏、戦国乱世と天下布武、明治維新、太平洋戦争と日本の命運、日本現代史考の7冊を書いてきた。それぞれに時代を画する事象の生起を取り上げている。書いてみて感じたのは、「歴史は語る、歴史に学ぶ」ということであった。

21世紀の現代、多くの人々が世の先行きに不透明感、様々な不安を感じているのではなかろうか。20世紀は二つの大戦、米ソ対立はあったが、「石油と電気の世紀」と言われるように経済は発展、人類は豊かな社会実現に成功した。しかし、世紀末から21世紀になると、地球環境問題の顕在化、核兵器保有国による核戦争の怖れ、多くの国での人口減少の顕在化、テクノロジーの異次元的進歩による利益の享受とそれによる社会的摩擦や不安、諸国内の所得格差の拡大、加えて、昨今の米中対立と多極化、ロシアのウクライナ侵略などの世界情勢の不安定化が生じており、将来の道筋を示し世界を導く政治家、国際機関も見当たらない。各国とも問題解決の途を模索している情況にある。21世紀の世界には、明るさと悩みが混在する。それも時が経過すれば一つの時代として認識されることになっていくのであろう。

本書は「歴史は語る、歴史に学ぶ」観点から、現代史考—現代史から何を学ぶか、加えて、時代は遡るが、武士政権考—武士政権創始者頼朝に何を学ぶか、古代史考—古代天皇の実相の3点を取り上げた。皆さまの何がしかのお役に立てれば幸である。

目次

第1部　現代史考──現代史から、今、何を学ぶか

1　日本が勝つ見込みのない日米開戦に至ったのはなぜか　6
2　太平洋戦争敗北で日本が失ったもの、得たもの　21
3　わが国が戦後に経験したインフレ、昨今のデフレから学ぶもの　32
4　日本に食糧危機は起こり得る　40
5　財政再建はなぜ必要か　50
6　日本の現状への不安、時代の変わり目　59
7　民主主義と資本主義の将来　75
8　人口増加から減少へ、人類の未来　85
9　地球環境問題は解決できるか　93

第2部　武士政権考──頼朝の創始、家康の完成、今に残るもの

1　武士の出現　107
2　平清盛政権　110
3　源頼朝政権　117
4　頼朝没後の鎌倉幕府の盛衰　128
5　その後の武士政権　133
6　武士政権の本質、世界の現実　135

第3部　古代史考──古代天皇の実相

1　神武東征、欠史8代天皇の実相　141
2　神功皇后の新羅征討と応神王朝　148
3　継体天皇考　159
4　古代女帝の時代はなぜ生まれたか　167
あとがき　186
古代天皇系図　187

第1部

現代史考──現代史から、今、何を学ぶか

1　日本が勝つ見込みのない日米開戦に至ったのはなぜか

・太平洋戦争を振り返ると、日本は戦えば国力の差で負けると分かっていた米国となぜ戦争したのか、日米開戦を避けられなかったのか、今の日本人誰しもが思うであろう。米国も直前まで日本が日米開戦に踏み切るとは考えていなかったともいわれる。戦わなければ、国内外の戦争の惨禍を避けることができたであろうし、海外領土もやがては独立したであろうが、敗戦で全てを喪失することに比べれば失うものは少なかったであろう。日本軍が満州事変で止まり、支那事変（中国侵攻）を起こさなかったなら、日米戦は避け得たのではないかと思料するが、歴史にイフはない。

・陸軍は明治の日清、日露戦争の成功、大陸進出、積み上げた既成事実、既得権益に拘った。日米開戦への流れは陸軍に因があるが、海軍も自己の組織の論理に拘り、政治は軍の流れを阻止できなかった。国力差で勝てないことを関係者は認識していたであろうが、陸海軍の組織の論理が優先された。世論も軍の立場を支持した。以下に、開戦直前の情勢、開戦御前会議の模様、開戦決定の因、敗戦の因を述べる。

イ　開戦決定までの史実の推移

昭和6年の満州事変に始まる日本の大陸進出から昭和16年12月8日の日米開戦までの推

移を略述する。

①　日米開戦までの推移

昭和2年（1927年）　金融恐慌。

3年　張作霖（奉天拠点軍閥で北京制圧）爆殺。

5年　金解禁、ロンドン軍縮条約（戦艦の日本の対英米比率7割（保有トン数）など協定）。

6年　柳条湖事件（鉄道爆破）を契機に奉天の中国軍攻撃、満州事変勃発（板垣、石原など関東軍参謀独走による。事変の背後に石原莞爾関東軍参謀の世界最終戦争論があった—世界はソ連圏、英仏独の欧州圏、米国圏、日中の東亜圏の4ブロックが存在。ソ連圏はスターリン死去で衰退、欧州圏は英連邦崩壊と独仏戦で衰退、残った米国圏と東亜圏の世界最終戦が1次大戦から30年内外で起こり、50年で世界は1つになる。日本は中国と協調が大切）。

7年　5・15事件（藤井海軍大尉など海軍将校を中心とする。犬養総理殺害など）、国際連盟のリットン報告書（満州事変調査、批判）。

8年　3月国際連盟脱退（日本代表松岡洋右）。

9年　3月満州帝国成立（120万km²、3400万人、五族（漢満蒙朝日）協和標榜）。

11年　1月ロンドン軍縮脱退、2・26事件（10余人の陸軍将校主導の陸軍部隊蜂起、岡田総理襲撃、斎藤実内大臣・高橋是清蔵相・渡辺丈太郎教育総監殺害など）。

12年　7月盧溝橋事件（北京郊外で日本軍向実弾10数発（真相不明）を契機に日本陸軍華北侵攻開始）、8月上海事変（南京蒋介石軍と上海で戦火、日本は陸軍増派、上海占領（11月）、南京侵攻占領（12月南京虐殺問題生起）、蒋介石は重慶へ、9月呼称を支那事変とする

盧溝橋事件・上海事変による中国侵攻に対して石原莞爾参謀本部作戦部長は不拡大主張（中国侵攻反対・対中融和のスタンス、対中戦は泥沼戦となるとした）、左遷される。

13年　1月近衛声明「爾後、国民政府を対手とせず」。

14年　9月欧州で第2次世界大戦勃発、独がポーランド侵攻、英仏と開戦。

15年　9月日独伊三国同盟（松岡外相主導）、日本北部仏印進駐（資源確保のため）。

16年　4月日ソ中立条約（松岡外相主導）、7月米国が在米日本資産凍結、日本南部仏印進駐（資源確保のため）、8月米国が石油全面禁輸、9月6日御前会議、10月東条内閣発足（近衛内閣（15年7月―16年10月）退陣）、11月5日　御前会議、12月1日御前会議（各御前会議の模様は後述）、12月8日日米開戦。

②　社会情勢

・昭和に入り、軍部（主として陸軍）の下克上（中央の命令無視、違反、テロ）、軍部独走（とりわけ関東軍将校）、中国大陸戦線拡大、英米利権と衝突、経済封鎖を招き、石油資源などの確保のため仏印進駐、米国から仏印、中国からの撤兵を要求されていた。

・新聞などジャーナリズム、国民は、日中戦争で中国が屈服しないのは米英が邪魔しているからとし、日中戦争を終わらせるためには対米英戦もやむなしの空気であった。

日米開戦時の新聞報道は来るべきものがきたと好意的に受け止めている。

ロ　開戦までの御前会議の推移

①　対米戦検討結果

昭和16年８月27、28日　総力戦研究所報告（各省などの若手トップクラスの検討結果）―日本が米国と戦争すれば必ず負ける。南方蘭印に侵攻すれば英米戦は避けられず、外交の機会放棄に等しく馬鹿げているとの内容。

中央は口外禁止命令。報告は棚上げされた。

・日米開戦に至る政軍首脳の議論は昭和16年９―12月の御前会議に集約されている。その模様を以下に略述する。

② **9月6日御前会議**（近衛内閣）

・対英米戦争準備、米国との交渉継続、10月上旬までに外交が実を結ばない場合は、帝国は自存自衛のため対英米蘭開戦決定。

昭和天皇は明治天皇の日露戦争開戦時に詠まれた平和を望む歌披露、「四方《よも》の海　みな同胞《はらから》と思う世に　などあだ波の　たちさわぐらん」（決定的発言せず）。

・杉山陸軍参謀総長、永野海軍軍令部総長は「この時期を失すれば、時の経過とともに米が軍事的優位となり、日本の石油備蓄は減っていく。対米開戦に時間的余裕はない。一気に決着をつけたい」と主張。

・米国のスタンスは仏印、中国からの日本軍撤退であったが陸軍は強硬に反対。

③ **東條総理登場、政府大本営連絡会議**

i　近衛総理は、対米戦に踏み切れず、軍部を抑えることもできず退陣。東條に組閣命令。木戸内府、天皇が東條を首相に推したのは東條を「9月6日の御前会議の内容を知り、陸軍を抑え得る者」と見たからで、首班指名に際し、東條に「9月6日の御前会議決定の白紙還元（再検討）御錠」伝達。

ii　東條は天皇指示に従い、10月23日―11月2日　政府大本営連絡会議（軍政府首脳会議）開催。臥薪嘗胆、早期開戦、外交継続3案を議論。

・各自の主張―東條首相（陸相兼務　中立的調停者のスタンス）、東郷外相（中国、仏印から撤退、米提案受け入れ主張）、賀屋蔵相（米国が戦争を仕掛けてくる公算は少ない、勝つ保証もない対英米戦反対）、嶋田海相（初戦には勝てるが後は何とも言えない、次第に開戦へ傾斜）、鈴木企画院総裁（物資は困難だが調達可能）、杉山参謀総長（開戦延期論に不満）、永野軍令部総長（来たらざることを頼むなかれ、今だ、戦機は後に来ぬ）。

・「武力発動時期は12月初頭、対米交渉、独伊と連携強化、12月１日午前０時までに対米交渉が成功すれば武力発動中止」決定。

④　11月5日　御前会議

・対米交渉案（甲、乙案）了承。

甲案―蒋介石と日中和平条約、和平成立と同時に中国から撤兵開始、２年以内に終了、ただし、北支・満彊の一定地域・海南島には和平後25年を目途に日本軍駐留。日中戦争解決・公正な極東和平確立後に仏印から撤兵など。

乙案―南太平洋に現状以上軍事進出しない。日中和平、太平洋地域和平確立のうえで南部仏印から北部仏印に移駐など。

・交渉案を米国に提示、交渉打開を図る。不成立の場合、武力発動の時期を12月初旬とすること決定。

・野村、来栖米大使が米国ハル国務長官（背後には英蘭中存在）と甲乙案をベースに交渉、大使の判断で甲乙案より踏み込んだ提案もしたが期限までに交渉不調。

⑤　開戦へ

・12月1日　御前会議―英米蘭との開戦決定。天皇は攻撃の前に最後通牒を渡すように東條に指示。

・12月8日　開戦。

ハ　無責任な日本政府の開戦判断

i　無責任な政府の開戦判断

・開戦緒戦は、海軍はハワイ真珠湾奇襲攻撃、陸軍は、マレー半島、フィリッピン、香港、蘭印、ビルマ攻略占領と戦果を挙げた。

しかし、昭和17年6月　海軍はミッドウェー海戦に敗れ、守勢に回ることになった。占領地は日本軍の戦力を超えて拡がって補給が続かず、時の経過とともに米軍の物量、機動作戦により次々と奪還され、日本軍は壊滅していった。

・対米戦の長期戦略、戦争をいつ、どう終結させるかについて、開戦前にも、緒戦勝利後も現実的対応は無かった。まして、敗戦について考えていたとは思えない。

第2次大戦は、国と国との消耗戦であり、途中で手打ちは難しいこと（ソ連（条約無視の国）を仲介役に想定していたとすれば日本の識見、先見の無さを嘆くしかない）、最後は国力の差が勝敗を分けることになる戦であったにもかかわらず、戦争収拾策もなく、敗北も思考の外において、開戦に踏み切ったことは無責任と言わざるを得ない。

経済封鎖、石油封鎖でわが国が窮地にあったのは事実であるが、外交交渉で如何なる譲歩をしても、戦争敗北よりはダメージは少なくて済んだであろう。政府、軍にそれを遂行できる人物を欠いたことは、日本にとって不幸であった。

ⅱ　統帥権独立の弊害

大日本帝国憲法には天皇元首（4条　天皇ハ元首ニシテ統治権ヲ総覧シ……（天皇は上程される議案是認が慣行であった））、統帥権独立（11条　天皇ハ陸海軍ヲ統帥ス）が規定されていた。

明治維新の元勲達（政軍首脳）は憲法制定前からの仲間で人脈、気脈が通じており、彼らの在世中（明治、大正時代）は統帥権云々は問題にならず、政軍の分断は顕在化しなかった。彼らが世を去った昭和に入ると、軍部は軍の主張を通すため統帥権独立を錦旗とし、政府は軍部の動きを抑えることが難しくなった。

二　対米開戦となってしまった諸要素

①　陸海軍の基本姿勢と世論

・日米戦の主力は海軍であった。海軍は「緒戦は勝てるが、長期戦となれば自信がない」旨の発言しているが、「対米戦反対、不戦、避戦」は海軍内で主流にならなかった。永年にわたり対米戦を想定し多額の予算を投入してきた立場、軍人の性もあった。

・陸軍の関心は中国であった。支那事変に多額の予算を投入、多くの兵士の命を失っており、「今、中国戦は止められない、時間がかかる」という認識であり、国民世論も中国撤兵を許さない状況にあった。

・陸海軍とも軍の立場を主張、国の命運を基本に決断できる人物を欠いた。政治家ではない軍人が政治決定に重きをなした結果でもあった。政治家も軍に同調乃至抑えられ、それを跳ね返せる人物を欠いた。ジャーナリズムも国民も対米戦に賛成の風潮であった。

②　軍の下克上

軍、特に陸軍は、現場の軍人が満州事変以降、大陸戦線拡大に独走、軍中央はその動きを制御できなかった。加えて、5・15（昭和7年）、2・26（昭和11年）をはじめテロ行為が多発、政治、財界への国民不信の中でテロ実行者への国民の支持もあった。

軍上層部にもそれに乗る者、煽る者も多く、また、政財界、ジャーナリズムも自らがテロ対象とされることを怖れた。軍の下克上は、軍、政界、天皇の判断に大きな影響を与えた。

③　情報不開示、伝達不全からくる情勢判断の不全、陸海統合不全の問題

・戦況、経済などの実情は国民に知らされなかった。陸海軍内、陸海軍間の情報伝達も不全であった。

敗退が続くようになってからは、現地の不利な情報は参謀本部が棚上げ、上（総長、大臣、天皇）にも正確に伝わらなかった。

・陸海軍間の相互不信（どこの国の軍にも見られる傾向ではあるが）が強く、予算獲得競争、情報秘匿、作戦統合不全があった。

・そうした情況もあって、政府も軍部も国際情勢、自軍の情勢につき自己中心の希望的観測に陥った。

④　過去の成功経験の弊

西欧は第１次世界大戦を戦い、近代戦が国力戦であることを知り、戦略・兵器などの軍備、軍略も革新したが、日本軍は第１次大戦を戦っておらず、日清、日露戦争の成功体験が強く残った。両戦争は地域限定戦であり、その経験は米国と国の存亡を賭した近代戦、

国力戦には通用しなかった。

日本陸海軍の基本思考は、

i　陸軍は、歩兵、兵員数重視、精神主義、兵の命軽視。

ii　海軍は日本海海戦勝利の記憶から日本近海での艦隊決戦を基本戦略とし、海上輸送力、艦隊の防空防御装備、潜水艦活用の重要性への認識が不足した。

⑤　人材の欠如

・日清、日露戦争の頃は、維新を生き抜き、明治国家、軍建設を担った明治の元勲が健在であった。彼らの出自は武士、政治・軍事を担う存在であり、軍を掌握、政軍合わせた総合的立場で戦争を判断、遂行することができた。統帥権独立も表面化しなかった。

・昭和になると、軍人幹部は兵学校卒業の職業軍人となった。彼らは戦争の専門家であり、上意下達が基本で、広い視野で政治、経済、国の将来を判断する訓練、習癖が不足する。陸海相現役軍人制となって大臣の進退が組閣の成否を左右、そうした立場と統帥権独立を利用して軍は立場を強弁、さらには、政権を担うようになった。彼らに日米開戦を止めること、軍を超えた政治的判断は期待できなかった。当時、開戦を止め得るのは天皇であったが、天皇が慣行に反してその判断をすればクーデター、内乱が生じる怖れがあり、木戸内府は天皇の身に危険が及ぶことを怖れた。

ホ　昭和天皇、永野護の回顧

①　昭和天皇独白録による昭和天皇の回顧（天皇御用掛寺崎英成による）

日本敗北の因は、兵法の研究が不十分であった、敵を知り己を知るという根本原理を体現していなかった、余りに精神に重きを置きすぎて科学の力を軽視した、常識のある首脳が存在しなかった、山県、大山、山本権兵衛のような大人物に欠け、政戦両略不十分な者が多く、かつ、軍首脳は専門家であって部下統率の力量に欠け、所謂、下克上の状態を招いた。

②　永野護氏の回顧（昭和20年９月　広島講演　１８９０年生、実業家、政治家）

今度の大戦を惹起するには３つの見込み違いがあった。

日本の支那に対する見込み違い―日本軍は上海、南京位を占領すれば事変は収まると考えていた。

独のソ連に対する見込み違い―ヒトラーは２か月以内にソ連を征服し得ると考えていた。

米の日本に対する見込み違い―米は日本が戦争を仕掛けてくるとは思わなかった。

へ　今日への教訓

開戦当時の日本政府の判断は、今、振り返ると、当時の自国の情勢に流されたもの、客観的データに基づく戦争の長期的見通しを欠くものであった。戦で得た既得権益に拘り、開戦してしまえば、後はどうにかなる、やってみなければ分からない、必勝の精神が重要というものであった。最終結果がどうなるのかの思考を停止していたと言わざるを得ない。国家存亡のかかる重要事の決定は、世の雰囲気に流されず、冷静に対処しなければならない。結果の重大さへの認識、そして、責任を考えなければならない。それは現代にも通じることである。これからも生じるであろう国難にあたって、同じ過ちを繰り返してはならない。

（参考）日清、日露戦争の開戦事情と戦争終結について

ｉ　日清戦争（１８９４―１８９５年、明治27―28年）

・当時、朝鮮国の宗主国は清、国内は国王高宗（幼君で即位）の実父大院君と王妃閔氏一族が政争を繰り返していた。94年には東学党の乱（農民の武装蜂起）が起き、日本は居留民保護のため出兵、清は朝鮮国の要請で宗主国として鎮圧のため出兵、乱は収束したが、日本軍は撤退せず朝鮮国を影響下に置こうとした。

日本は地政学上朝鮮半島を勢力下に置きたいと考え、清との短期決戦、決着を目指した。

英国は露の南下を嫌い日本支持。

・94年8月日清両国宣戦布告、日本軍は平壌制圧、黄海開戦勝利、遼東半島、台湾に侵攻勝利（清は衰亡の淵にあり（１９１２年（明治45年滅亡）、国内は乱脈状況にあった）。

・95年3月下関講和会議（伊藤博文・陸奥宗光と李鴻章（宗主国清代表））

清の李氏朝鮮に対する宗主権放棄・独立承認、台湾・遼東半島を日本へ割譲、２億両（3億円）賠償金支払で合意。

4月　露主導の露仏独の3国干渉で日本は遼東半島返還・3千万両賠償獲得。

・日清戦争は、帝国主義下の清の属地支配権戦で日本、清国の存亡をかけた戦ではなく、英国は日本支持、露仏独も自国の利権のための干渉であった。

ii　日露戦争（１９０５～6年、明治37～38年）

・日清戦後、露が満州に進出。さらに朝鮮進出を企図。

１９０２年1月　日英同盟条約調印（露の極東進出対抗を目的とした攻守同盟）。

１９０３年　日露交渉（露は北緯39度以北の韓国の中立化、日本が韓国を軍略的に使用しない、満州及びその沿岸は日本の利益の範囲外主張。日本拒否）。

・１９０４年1月　露に宣戦布告（日本兵力20万人、海軍20万トン。露兵力２００万人、艦隊は日本を遥かに上回る）。日本は「満州の門戸開放」を開戦の理由とした。

英米は日本支持、仏独は露支持（仏銀行は露鉄道事業に融資、独が強敵露の関心が東方に向かうことを歓迎）。韓国は中立宣言。

・日本の基本方針は「露の戦力がアジアに集中する前に緒戦で大勝、第3国の調停で解決」であった。日本に比較的理解を示していた米国を調停役に想定、セオドア・ルーズベルト大統領とハーバード大学友の金子堅太郎を伊藤博文枢密院議長の命で2月　米へ派遣。

・日本は朝鮮半島制圧、遼東半島大連、旅順露要塞制圧、1905年3月　奉天攻撃勝利（奉天会戦で日本軍の動員力、武器、戦費調達力は限界にあった）。

1905年4月　日本政府は閣議で「持久策を立てるとともに事情の許す限り講和を目指す」決定。5月27日　日本海海戦で露バルティック艦隊に勝利。

・6月　ポーツマス講和会議。ルーズベルト大統領が日露両国に講和勧告、9月、日露講和条約調印（露は朝鮮半島における日本権益を認め、樺太南半分割譲）。

・日露戦争は、露の中国領域進出とそれを阻止しようとする日露の国外での権益を巡る戦争で、日本にとっては国益、国防のための総力戦であったが、露にとっては極東の地域戦争であった。

2　太平洋戦争敗北で日本が失ったもの、得たもの

太平洋戦争は、１９４５年（昭和20年）８月15日、日本のポツダム宣言受諾、無条件降伏、敗戦で終わった。日本全土が占領下に置かれ、明治維新以来築き上げてきた大日本帝国は解体された。敗戦は、多数の戦没者と海外からの引揚者を生み、主要都市の多くは爆撃で焦土と化し、海外領土全てを失い、戦後賠償問題を生んだ。

終戦直後の占領政策により、戦犯逮捕、陸海軍解体、極東軍事裁判、憲法改正、天皇は元首から国民統合の象徴へ、貴族制廃止、家制度廃止、財閥解体、公職追放、教育改革、農地解放などの「いわゆる非軍事化・民主化政策」が実施され、国の体制、価値観が大きく変わった。

１９５２年（昭和27年）４月28日、講和条約、日米安保条約発効、日本は独立を取り戻した。以降、日本は戦争放棄、平和国家を国是とし戦後復興、経済成長をとげ、経済大国として復活したが、平成中頃から国勢低迷、世界情勢の大きな変化もあり、今日、様々な面で転換期に直面している。

大戦敗北で失ったもの、得たもの、学ぶべきことを述べたい。

イ　戦争の直接損失

①　戦没者など

・戦没者は310万人。軍人軍属230万人（比、中で各50万人、ビルマで16万人、ニューギニアで13万人）、民間人80万人（外地で30万人、内地で50万人（東京で10万人、沖縄で9・4万人、広島で8・6万人、長崎で2・6万人、大阪で1万人）、昭和19年から終戦までの戦死者が9割を占めるとされる。終戦時海外在留邦人は民間350万人、陸海軍350万人。引揚者は630万人とされる。

（注）第2次世界大戦での世界全体の死者はおよそ5000万人。兵士1693万人、民間人3432万人（ソ連2000万人、中国820万人、独700万人、日本310万人、仏55万人、英45万人、米41万人）とされる。

・戦争により艦船、飛行機、戦車、車両、銃砲弾薬などの膨大な軍備の消耗、国内大都市などの空爆被害による物的損失は大きく、当時の国富の4分の1の653億円（現在価値でおよそ800兆円（推定））を失ったとされる。

②　領土喪失、賠償支払

・日本は、台湾、朝鮮、南樺太、北方領土、千島列島、南太平洋諸島の領土喪失、日本の占領、勢力範囲（満州、華北、華中、華南、東アジア諸国など）となり民間企業、民間人が進出していた地域の資産も喪失した。
・戦時賠償を放棄した国も多数あったが、蘭、ビルマ・比、インドネシア・ベトナム・韓国・シンガポール・マレーシアなど日本が侵攻したアジア諸国への戦後の賠償支払は多額にのぼった。

ロ　占領による国内改変と極東軍事裁判

①　連合軍（主として米軍）の占領政策（昭和20～22年）

ｉ　昭和20年

9月　降伏文書調印（9月2日）、日本陸海軍武装解除、解体。占領軍の間接統治へ（行政責任は日本）。東条英機以下39人の戦争犯罪人逮捕指令（12月までに4次にわたり１０余名逮捕）。

ポツダム勅令発出（連合国司令官要求を実施するための緊急勅令）。

第一生命ビルに占領軍総司令部が置かれ、全国県庁所在地と軍事基地に占領軍20万人配置。

昭和天皇マッカーサー訪問。

10月　共産党徳田球一・志賀義雄など政治犯3千人釈放、治安維持法廃止。

幣原総理に民主化に関する5大改革の必要指摘─婦人解放（20歳以上男女に選挙権）、労

働組合結成奨励（労働3法立法）、学校教育自由主義化（教科書改訂）、秘密審問司法制度撤廃（留置時から弁護士可）――（　）内は以後の実施施策。

陸軍参謀本部・海軍軍令部廃止。

11月　陸海軍省廃止。大学を追われた学者の大学復帰。日本自由党・日本社会党・日本共産党など結成。

12月　近衛文麿、ＧＨＱの戦犯逮捕命令で自殺。ＧＨＱ農地解放指令、国家と神道分離指令

11月以降、インフレ急進。

ⅱ　昭和21年

1月　天皇「人間宣言」詔書（天皇の神格否定）。

公職追放指令―軍国主義者として将校以上の軍人・翼賛選挙で推薦を受けた議員・中央官庁の局長以上の役人・国策会社や国立銀行の重役など。

2月―4月　憲法改正―マッカーサー3原則（天皇は国家の最上位、戦争放棄と戦力不保持、貴族制度廃止）の下でＧＨＱが作成（およそ10日間で作成とされる）、日本政府に交付、閣議、国会提出、成立。

2月　預金封鎖、新通貨発行。

4月　総選挙、自由党、進歩党の保守2党が過半数、吉田内閣発足。
5月　食糧メーデー（憲法より食糧を）。極東国際軍事裁判所開廷。
8月　教育刷新委員会設置、経済安定本部物価庁設置
9月　4大財閥（三井、三菱、住友、安田）解体指定（12月以降追加指定（浅野、古河、中島、大倉、鮎川、大原、片倉など）、22年　独占禁止法、過度経済力集中排除法制定）。
10月　ＧＨＱ主導で農地改革法成立（不在地主小作地を政府買い取り、30年以内の年賦払で小作人に売渡、昭和22年3月～23年で農地買い取り了、売渡し完了は少し遅れた）。
11月　新憲法公布。財産税法公布。
12月　政府、鉄鋼増産を中心とする傾斜生産方式決定。

ⅲ　昭和22年

1月　復興金融公庫設立。第2次公職追放（23年5月までに20万人以上追放）。新皇室典範公布。全官公庁労組共闘委員会2・1ゼネスト宣言、ＧＨＱ中止命令。東京都で学校給食開始。
3月　衆議院解散、帝国議会終焉。
4月　6・3制実施総司令部指令（昭和23年　3年制高校、都道府県と大市に教育委員会設置、24年　4年制大学へ改革、25年　市町村に教育委員会設置）

知事市長村長選挙、地方議会議員選挙、第1回参議員選挙、衆議院選挙（日本社会党が第1党、片山内閣発足）連続実施。

5月　新憲法施行。

8月　民間貿易再開（制限付）。最高裁判所発足。

10月　国家公務員法公布。改正刑法公布（皇室に対する不敬罪、姦通罪、安寧秩序に対する罪など削除）。

12月　警察法公布（地方分権、民主化）。民法公布（家制度廃止）。内務省廃止。

②　昭和23年11月　極東軍事裁判判決

i　極東軍事裁判

・東条英機以下28人がA級戦犯となり、平和に対する罪（共同謀議して侵略）、人道に対する罪（南京大虐殺）を問われた。判事、検事は全て戦勝国。被告側は全容疑に無罪主張。判決は多数決。

・有罪25人。死刑（東条英機、土肥原賢二、武藤章、板垣征四郎（以上陸軍）、広田弘毅（外相）、松井石根（南京虐殺時の支那方面軍司令官）、木村兵太郎（東条陸相次官）、23年12月23日　巣鴨刑務所で執行。

東郷茂徳（外相）20年、重光葵（外相）7年禁固刑。

荒木貞夫、畑俊六、小磯国昭、南次郎、佐藤賢了、鈴木貞一、梅津美治郎、岡敬純（以上陸軍）、嶋田繁太郎（海軍）、大島浩（駐独大使）、橋本欣五郎（元陸軍）、平沼騏一郎（重臣）、星野直樹（内閣書記官長）、賀屋興宣（蔵相）、白鳥敏夫（駐伊大使）、木戸幸一（内大臣）は終身禁固刑。

大川周明（民間右翼）は精神障害で免訴、永野修身（海軍軍令部総長）、松岡洋右（外相）は判決前に没。杉山（参謀総長）、阿南（陸相）などは自決。

昭和31年3月までに捕らわれていた者は全て釈放された。

・B（命令者）C（実行者）級戦犯は捕虜虐待などで戦争犯罪者とされ、約50か所の現地法廷で裁かれた。逮捕者2・5万人、およそ千人が死刑となった。

ⅱ　裁判の正統性について

極東裁判は、戦勝国側が敗戦国を裁くために作った事後法（平和に対する罪、人道に対する罪）により、敗戦国家の戦争責任を個人に課刑しようとするもので法理論上問題があった。実態は戦勝国の報復であった。

米国の広島・長崎への原爆投下、東京など大都市への無差別爆撃、沖縄戦などによる累計数十万人に及ぶ民間人の殺傷など戦勝国側の人道に反する行為は問題とされなかった。敗戦はそうした不条理を伴う。

③ 昭和24年以降

・昭和23年12月　衆院解散、24年1月　総選挙、民主自由党が第1党、吉田茂組閣（29年12月までの長期政権となった）。

・24年3月　ドッジ・ライン（緊縮財政などによりインフレ収束）実施（経済不況へ）。
4月　1ドル＝360円レート設定。8月　シャウプ税制勧告（簡素・公平、直接税中心）。

・25年6月　朝鮮戦争勃発。占領政策は軸足を非軍事化・民主化から経済復興へ。
7月　マッカーサー指示で警察予備隊創設（7・5万人、朝鮮戦争に連携した内乱発生対応とされた。27年10月　保安隊へ、29年9月　自衛隊発足）。
9月　レッドパージ（共産党弾圧）
10月　1万人の公職追放解除（26、27年大量解除）。

・26年1月　講和条約、日本独立協議のためダレス特使来日（トルーマン大統領指示で25年初から下準備開始）―米軍駐留（吉田総理了）と日本再軍備（吉田総理は5万人の保安隊創設提案）が課題。
4月　マッカーサー解任、後任リッジウェー中将。
9月8日　サンフランシスコ講和条約調印、吉田総理日米安保条約調印。

昭和27年４月28日両条約発効、日本独立。

ハ　失ったもの、得たもの、教訓

①　失ったもの、得たもの

ｉ　失ったもの

・太平洋戦争で日本は約３００万人の人命を失い、敗北した。明治以降、築きあげた大日本帝国の版図を失い、同時に、多くの在外資産を失った。

海外領土はやがて独立していくことになったであろうが、その場合でも、版図であれば全てを失うという事態は避けることができたであろう。ただし、戦前の日本の海外領土経営は自国本位、日本人本位であったと指摘されており、経営には多くのトラブルが生じたであろうと想像される。

・軍隊消滅（独立後、自衛隊設置）。軍部の政治支配、貴族制度、家制度消滅。

主権在民の民主主義社会となり大日本帝国時代に残存した封建時代の遺物はほとんど消滅した（家制度喪失で核家族化、家、墓を守る意識も失われていった）。

また、戦前にあった他国を率いんとする気概や海外雄飛、大陸で一旗揚げようといった気風は失われた。

ii　得たもの

・米軍の占領政策は、戦前の軍部の政治壟断、全体主義を断ち、日本を理想的民主義体制の社会に変貌させた。軍部解体、天皇神格化否定、男女同権、全成人に選挙権、貴族制廃止、家制度廃止、財閥解体などを実施、憲法、民法、刑法改正はじめ民主主義体制の基本を構築した。

・他方、米（連合軍）占領政策は、戦前の日本は全てにおいて悪、それを取り除き、正しい民主主義をもたらしたのは米国（連合軍）、極東裁判は当然という思想を日本人に刷り込んだ。その空気は、今も、日本に残っている。米国は、戦後、今日に至るまで覇権国家であり、独立後も米国の影響は濃厚であることにもよる。

②　敗戦から学ぶもの

敗戦、占領の経験から得たものを生かしていくことが戦後世代の役目であり、戦争で亡くなった方々に対する義務でもある。

i　基本スタンス

戦争は避けねばならない。そのためのあらゆる努力をすべきであることは太平洋戦争の経験からも明らかである。

わが国は、憲法で侵略戦争を放棄している。わが国から他国に戦争をしかけることはない。しかし、今日の世界もパワーバランスの中にある。国際情勢の急変でわが国が他国に武力侵攻される危険は存在する。国を守るため戦争やむなしの事態が生じないとは言えない。その際、敗者になることは避けねばならない。自国が敗れ、戦勝国に占領される悲惨を繰り返してはならない。平時からそのための物心両面の備えをしておかねばならない。

戦争を避け、自国の独立を守っていくためには、他国の侵攻を許さない国力、(軍事力、外交力、経済力)、国としての尊厳保持、国民の士気が必要である。

・日米安保は他国の日本侵略に対し大きな防波堤の役割を果たしてきたことは確かである。しかし、昨今の米国の動静を見ると、内向き志向となり日本にいざという事態が生じた時、米国民の生命や米国土が危うい場合でもなければ米国が兵力投入しない可能性も否定できない。そうした認識も持った上で、自国防衛を考え、備えることが必要である。

ⅱ　残されたままの課題

憲法は国のあり方を定める基本法である。戦後、占領軍が原案を作り、極めて短期間で制定した現行憲法を全く改正せずにおよそ80年を経過した。この間に、日本の立場、国際情勢、国内情勢は大きく変わっている。現状を踏まえ、未来を見据えて改正するのは当然であり、現国民の義務でもあろう。

3　わが国が戦後に経験したインフレ、昨今のデフレから学ぶもの

わが国は、終戦直後のインフレ、石油ショックに端を発した狂乱物価、平成バブル、そして、平成デフレを経験してきた。それから何を学ぶべきであろうか。

イ　終戦直後のインフレ

①　終戦直後のインフレ

・1945年8月太平洋戦争敗北。多くの人命、明治以来営々として築いた海外領土、多額の国の資産を失った。

資産・人命などの喪失は生産力低下、供給力低下を招いた。加えて、1945年は凶作に見舞われた。一方、海外からの兵士の復員、海外居住者の帰国で6百万人余の国内居住者が増加した。

このため物不足となり、物価は、1934～1936年平均（戦前経済の基準年度とされる）に比べ、1946年8月には21倍、1948年6月には172倍に高騰した。

物資不足から闇市が盛んとなり、都会住民の農村への買出しが常態化した。

・国民は、物不足、大インフレで日常生活に苦しみ、貨幣価値の下落で多くの貨幣資産、預金資産減価の大打撃を受けた。

一方、昭和10～20年の戦争ため大量発行されて累増、終戦当時、ＧＤＰのおよそ2倍となっていた国債残高は大幅に減価、償還費、利払費などの国債費負担問題は自然解消した。

②　インフレ収束と不況

占領軍政下にあった当時、国内政策は占領軍の指揮下にあった。

１９４９年　米特使ドッジ来日、日本経済を「米国からの援助と政府補助金で支えられる竹馬経済」と評し、ドッジ・ラインと呼ばれる政策（緊縮予算（昭和24年度は歳出を歳入以下に抑えた）など）実施、インフレは収束した。

国内景気は冷却したが、１９５０年朝鮮戦争勃発、戦争特需で景気回復、その後、日本経済は高度成長につながっていった。

ロ　昭和40年代末の石油ショック・狂乱物価

①　石油ショック・狂乱物価

・１９７３年10月　第４次中東戦争勃発（エジプト・シリア軍がスエズ運河、ゴラン高原のイスラエル軍奇襲攻撃、イスラエル軍反撃、米の支援もあってイスラエルが勝利）。中東戦争の影響で原油価格は１バレル３・01ドルから、73年10月　5・12ドル、74年1月11・65ドルに急騰した。

オイルショックに伴う混乱で起きたトイレットペーパーの買い占め騒ぎ（1973年11月9日、岡山県岡山市、写真提供：山陽新聞／共同通信イメージズ）

国内では田中角栄政権（72年7月〜74年12月）の列島改造で土地需要、積極財政、金融緩和もあって地価、物価上昇の状況にあった。

トイレットペーパー不足の噂から国民の買いだめ騒動に始まり、狂乱物価と呼ばれる物価高騰が起きた。

・卸売物価は、1973年15・6％、74年　31・4％、消費者物価は、1973年　11・7％、74年　23・2％急騰。春闘賃上げは、73年　20％、74年33％アップ。

② 混乱収束

・経済混乱収束のため、福田赳夫蔵相は、総需要抑制、物価安定を目指して74年度予算編成（当初予算17兆円）、公共事業費前年度据置き、平年度１兆７２７０億円の所得減税実施。公定歩合は８・５％。予算執行においても、歳出抑制、繰延べが行われた。
・物価は沈静に向かうが、74年はマイナス成長となった（実質▽０・２％、名目18・６％）。税収も予算を大幅に下回り、翌75年度予算は歳入不足で税収補填のため赤字国債発行（２・２兆円）、景気回復のため４回の不況対策、公定歩合引下げが行われた。
以降、平成３年度予算で赤字国債０になるまで赤字財政が続いた。

ハ　平成バブル

①　バブル発生

１９８５年　プラザ合意（ドル高是正合意）、以降、円高が進む（２３５円から１５０円台へ）。公定歩合引下げ、積極融資が行われ、バブル発生の素地が生まれた。
86～91年好況が続き、金融緩和下で不動産、株式の時価が高騰、資産価値が大幅に膨らんだ（バブル）。

②　バブル対応とその結果

89年　公定歩合引上げ、90年　不動産融資規制、91年　地価税導入など抑制策がとられ、不動産バブル収束、地価、株価急落。

土地、株に投機していた企業の倒産・自己破産増加、金融機関の経営悪化（新規融資困難化）。企業で給与カット、リストラが行われ、物価下落、収益は悪化した。その後、金融機関は100兆円を超える不良債権処理に苦しんだ。

公共投資や減税などの景気対策がとられたが、景気は回復せず財政赤字累積、日本経済は長期にわたり停滞を続けることとなった。

二　平成から令和のデフレ

①　平成から令和のデフレ

・バブル崩壊後の日本経済はかつての経済成長を失ったまま推移、最近に至るまでにマイナス成長時期を4度経験している。

平成5年▽0・52％（バブル崩壊による）、10年▽1・27％、11年▽0・33％（財政再建棚上げ）、20年▽1・22％・21年▽5・69％（リーマン・ショック世界不況）、令和1年▽0・40％・2年▽4・24％（コロナ世界不況）である。

・この間、景気対策（昭和時代のような景気回復は見られなかった）あるいはコロナ対策のため財政が出動したが、その財源は国債に依存、国債残高は、現在、ＧＤＰのおよそ2倍。終戦時の赤字残高水準に並び、世界諸国の中でも頭抜けた財政赤字国となっている。

赤字財政の長期継続を可能にしたのは、超低金利が続き、国債利払費が低く抑えられたことによる。

わが国は、世界の諸国の中でも、２０００年以降、物価は安定したが、成長率、金利が極めて低い国の一つであった。

・商品価格が変わらず、消費者の生計費も変わらず、生計費不変なので労賃も変わらず、企業は人件費が増えないので価格転嫁の必要もなく新商品開発のインセンティブが働かず、労働者も労賃が変わらないのでスキルアップのインセンティブが働かないという状態が教科書的なデフレ経済の姿であろうが、バブル崩壊後の日本経済はこれに近似した姿であったといえよう。そうした推移の中で、企業の内部留保がおよそ５００兆円に累増した。

②　昨今の状況

・コロナ蔓延の頃から原材料価格上昇が始まり、２０２２年2月のロシアのウクライナ侵攻で石油（ロシアは大産油国）、穀物（ロシア、ウクライナは大生産国）価格が急騰、米国の高金利・日本の超低金利に由来する円安（ドル高）が重なって我が国の卸売価格、消費者価格ともに上昇に転じた。（金融緩和（日銀のゼロ金利、マイナス金利政策）が長く続いたが、２０２４年日銀総裁交代（黒田から植田へ）に伴い政策転換。しかし、市場の混乱、財政への影響への配慮から動きは緩慢で円安の大きな一因ともなっている）。

・令和5年以降、企業収益好調、設備投資増加、株価上昇、物価対応の賃金上昇（5年春闘賃上げ　3・6％、6年春闘賃上げ　連合5・17％（中小4・66％、企業間でバラツキはある）、政府も賃上げを主要政策の一つとしている）の状況にある。経済の好循環持続が当面の課題であろう。

ホ　今後の対応

グローバリゼーションが進み、世界最適生産へ向かった時代から、米中を軸とした世界の分断、多極化、安全保障重視の時代となりつつあり、戦略商品化、貿易障壁の高まり、物流経路の迂回化などで経済取引コストが高まっている。気候変動増大による自然災害頻発による食糧価格上昇、脱化石エネルギー・再生エネルギー拡大によるインフラ整備のコスト増、レアメタルの需給逼迫、先進諸国を中心に人口減少などが生じている。これらは、いずれもコストアップにつながる。こうした問題を労働生産性上昇で吸収していかなければ、賃上げ、企業の発展、経済成長は望めないし、国力衰退につながる。安定した輸入、輸出先確保も重要となる。テクノロジー進歩による需要労働の変動も大きく、働く人々のリスキリングも重要課題となる。若い人々の働く意欲の向上、スキル教育を得られる環境の整備、結婚生活が営める生活環境整備が欠かせない。また、再選された米国トランプ大統領の政策が引き起こす世界の混乱への対処も大きな課題である。

4　日本に食糧危機は起こり得る

日本では、この半世紀以上、人々は食に大きな不安を感じることなく暮らしている。昨今、ウクライナとロシア戦争で穀物、石油ガス供給不足、価格高騰を契機に食料品価格が上昇したが、日本では食糧不足は問題化してはいない。

しかし、足元を見ると、日本人1人当たりの食糧自給率（供給熱量（カロリーベース））は2020年37％となっている。1965年には73％であった。わが国もかつては食糧自給を基本としていたが、今日では、日本人の食生活はおよそ3分の2を輸入に支えられる姿となっている。それは国のあり方として危険と感じるべきで、万一に備える策が必要である。

イ　日本農業の実情

①　食糧政策

・太平洋戦争中、日本国内は食糧はじめ物資の配給制が行われ、既に食糧不足の状況にあったが、終戦直後は飢餓問題に直面した。戦時経済・戦災による供給力不足、数百万人の海外からの復員・引揚者に加え、1945年は凶作であった。

・食糧、とりわけ、主食の米の増産は最重要であり、国策の中心に据えられた。

米はじめ食糧増産のため、農地灌漑排水、圃場整備、農地開発、干拓などの農業基盤整備事業、肥料、農薬の開発・生産・使用、農産物の品質改良、農業機械化などに注力、その甲斐あって、１９６７年（昭和42年）には米の国内自給を達成した。その後、米の需給バランスは生産過剰となり、稲作から畑作への転換、米の減反政策に移行した。

②　日本農業の実態

・戦後、農地面積は食糧増産のため拡大、１９６０年に６０７万ヘクタール（国土面積37・8万平方キロメートル）に達したが（1ヘクタール＝1万平方メートル）、以降、減少、１９７５年５５７万、２００９年４９０万、２０２３年（令和5年）には４２９万ヘクタール（田２３３万、畑１９６万ヘクタール）となっている。農地の他用途転用と耕作放棄地増加による。

・占領軍の民主化指令により農地解放が行われたが、農地が分散、小農多立（離農しても農地所有権を手放さない人が多かった）の状況が生じたことは、後年、効率的農業生産のための農地集約の妨げになった。

・農村人口は、昭和の高度成長、工業化、都市化による労働需要増加で都市部へ流出、農村人口は減少を続けた。

農業者人口は２０２２年１３８万人（２００５年２２４万人）、平均年齢67歳。今後30

年間でさらに半減、高齢者が過半になると見込まれている。農業者人口の激減は、農業後継者不在・不足、耕作放棄地の増加、中山間地域の過疎化問題などを惹起、その趨勢はとまらない。大災害でも起きれば過疎地の集落は集団移転乃至離散消滅、原生自然に戻る事態も生じる。

里山は昭和40年代の燃料革命（薪炭から化石燃料への転換）で人が利用しなくなり消滅の危機にある。

このまま推移すれば、日本農業継続が困難になる重要課題であるが、有効な解決策は講じられていない。

ロ　国民の食生活の変化

①　食生活の変化

・国民1人当たりの食糧消費は1965年（昭和40年）2459キロカロリー　2019年（令和1年）2426キロカロリーとほぼ同じだが、消費内容は、米から麦にシフト、副食も洋風化した。同じ年の比較を見ると、米消費は1090から519キロカロリーに減少、畜産物消費は157から432キロカロリーへ、油脂類消費は159から364キロカロリーへ増加している。

・食生活変化に伴う麦、大豆、トウモロコシ（食用、家畜飼料）は需要のほとんどを輸入に依存、その結果、食糧自給率は２０２０年には37％まで下落した。

② フードロス

まだ食べられるにも拘わらず捨てられた食品の量は年間約５７０万トン（２０１９年　農水省調）に達するとされる。国民１人当たりにすれば毎日およそ茶碗１杯のご飯に近い量（約１２４グラム）の廃棄に相当するという。市町村のゴミ処理費用も相当な額（一般廃棄物収処理経費約2兆円（令和元年度））にのぼる。

食品ロスの因は、スーパーマーケットやコンビニエンスストアーなどの小売店での売れ残りや返品、飲食店での食べ残し、売り物にならない規格外品といった事業系食品ロス（３０９万トン）と家庭での食べ残しや買ったのに使わず捨ててしまうもの、料理の時の皮の剥きすぎなどの家庭系食品ロス（２６１万トン）である。

世界では飢餓に悩む多数の人々がおり、こうした廃棄をどうするか考えるべきは明らかであろう。

ハ　考えなければならない課題

①　国内自給力の強化

i　食糧事情逼迫の可能性

日本は食糧輸入に依存し過ぎている。食糧自給のための農業政策、輸入不全が生じた場合の備えが不足している。

国際市場を見ると、人口大国中国が輸入競争相手として存在の大きさを増している。また、当分はアジア、アフリカで人口増加が続き、世界人口は１００億人程度まで増加、食糧需要は増加する。一方、気候変動など地球環境、戦争が食糧生産にマイナスの影響を与える可能性もある。国際情勢が米中対立、国際紛争多発のなか、輸送、シーレーンの安全確保の問題もある。日本経済の地盤沈下による円安の問題もあろう。

食糧は戦略物資であり、非常時の供給は輸出国の意向に左右される。安定した輸入先確保や危険分散のため輸入先の多角化といった輸入対策だけではなく、輸入の過剰依存の改善のための国産食糧の増加、備蓄など非常時の食糧不足の事態への備えは重要な国策の１つである。

ii　日本のとるべき対応策

・日本の主要食糧は米である。水田稲作は日本の自然風土に最も適した作物であり、２千年余にわたって日本農業、食糧の中核を担ってきた。ここ数十年、食生活の変化、農業構造の変化により、米の需要減、減産、耕作放棄地の増加、農業者の減少、農村の衰退が続いている。しかし、依然として国産米は日本人の食の基本であり、万一の場合の備えも米であろう。いざという時に国内需要を賄えるだけの水田・農地の確保、農業インフラの維持、農業者の確保が国策として必要である。

また、畜産物の安定供給のためは、輸入飼料ではなく、餌米、麦藁、放牧など国産飼料によることが必要あり、平時においてこそ、その整備が求められる。

・非常時にしばらくは自力で持ちこたえられるよう公的備蓄、国民各自が備蓄するシステムも必要である。

②　英国、スイスについて

わが国と同様な島国英国、山国スイスの食糧政策を参考として述べる。

ｉ　英国

・英国は、人口66百万人、国土面積24・2万平方キロメートル、耕地面積6百万ヘクタール、食糧自給率70％（2019年）。

英国の国土面積はおよそ日本の3分の2、島国であるが、日本に比べ平地が多い。人口は半分程度で耕地面積は日本の現状より多い。さらに、多くの牧草地を保有（畜産用であるが、食糧危機には農地転用の備えとなる）する。
・食糧自給率は70％と昭和40年当時の日本の水準にある。農業保護政策により集約化、効率化、経営規模拡大を進めた結果である。
・英国政府は、石油価格の変動、気候変動の食糧生産への影響を意識、食糧供給の多様化がセーフガードになると捉え、国内外からの幅広い調達（牧草地の農地転用、輸入先の多様化）と流通を含む食品産業のサプライチェーンの円滑な機能維持に力点を置く。
緊急時に備える国家食糧備蓄は１９９０年代前半に廃止、民間部門にある食糧在庫の活用を想定している。

農業センサス、食糧産業データ、地図情報を結び付けた緊急評価データベースシステムにより食糧供給能力の評価が可能としている。

ⅱ　スイス

・スイスは、人口８５９万人、国土面積４・１万平方キロメートル、耕地面積42万ヘクタール（２０１９年）。山岳国家で耕地に乏しく観光業が重要産業であるが、観光（景観保護）に配慮しつつ食糧政策に取り組んでいる。
・食糧自給率は50％。国内生産重視、耕作農地保全のため農業保護政策（直接給付助成金支払―補助条件に環境・景観保全とクロスコンプライアンス）をとっている。

非常時には国内生産、個人備蓄を基本とし、食糧輸入0でも対応できることを目標とする（酪農は盛んでほぼ国産）。

・2017年には、「連邦は国民に確実な食糧供給を保証する義務があるとして、以下のことを促進するための条件を整備する」と憲法に規定している。

農業生産基盤とりわけ農地保全、地域条件に適合し自然資源を効率的に用いる食糧生産、市場の要求を満たす農業及び農産食品部門、農業と農産食品部門の持続可能な発展に資する国際貿易、自然資源の保全に資する食糧利用（食糧廃棄の削減の意）。

③　考えねばならないこと

i　考えねばならないこと

英国、スイス共に食糧輸入国ではあるが、食糧自給率はわが国よりは高い。食糧自給の重要性を認識した農業政策をとっている。

食糧問題への重要性の認識が国民にいきわたっていることがポイントであろう（食糧自給率上昇には公的費用負担を要するため、問題への国民の認識が前提となる）。

わが国も、食糧問題が防衛問題と並ぶ重要国策であることを国民が広く認識、食糧自給率を引き上げる政策が必要である。

ⅱ　具体策

・現時点で、主食である米で昭和40年と同じ水準のカロリーを得ようとすれば、極めてラフな試算（大串和紀による）であるが３００万ヘクタール程度の水田が必要である（昭和40年当時の水田面積（３３４万ヘクタール）（含む畦畔））をベースに人口増と生産反収の上昇から試算）。今後の人口減少を加味すれば２０５０年でも２４０万ヘクタール程度の水田が必要である（令和2年の水田面積２３８万、畑地面積１９９万ヘクタール）。飽食に慣れた現在の国民が昭和40年当時の食生活に耐えられるかは問題で、さらに、多くの農地が必要となろう。

採るべき対策として、まず、農地の減少にストップをかけることが必要である。年々生じている耕作放棄地（現状荒廃農地面積は30万ヘクタール）を再生可能な農地として維持することが求められる（新たな農地開発には多大なコストがかかる）。

同時に、営農者の確保が重要課題となる。個人営農者の増、経営面積拡大と並んで、農業経営の法人化、大きな法人の参入が必要であろう（そのための制度改革、農村の意識改革も必要）。

・畜産は、国産飼料（餌米生産、山地放牧など）をもっと取り込んでいくことが必要である。

・長期的視野（食糧確保、地球環境問題）にたった農業予算（含食品流通）への組み替え、国費投入増、制度改革が必要となる。農地所有権について農地集約のため個人の自由の制限、水利権・農村コミュニティー再編、緊急時の食糧の個人、公的備蓄も必要である。わが国は食糧政策を見直す時期にある。

5　財政再建はなぜ必要か

イ　国の財政

①　国の財政

ⅰ　国家の存在意義

・国家は、そこに住む人々が自主独立、安心、安全に日々を過ごすために存在する。今日の世界において、他国に支配されず、安心、安全した生活を営むために国家は必要欠くべからざるものである。

・国（国民）が存在していくためには、外交、防衛、治安維持、食糧確保、公共投資（鉄道、道路、橋梁、治山治水投資など）、産業振興、教育、国民生活のために必要な公的扶助（医療、年金、介護、子育て、生活保護などのセーフティーネット）、貿易などが必要である。そして、そうした国の活動・国家維持は、国民の活動・負担や義務によって成り立つ。

ⅱ　国の財政とは

国の活動の金銭面が財政である。

・国家財政支出は国家維持、国民生活に必要な支出であり、国民負担で賄われる。国が専売品を設けて専売収入を得る、国による企業経営、戦争で勝利して賠償金を得る、植民地経営で収益を得るなどの方途もかつては存在したが、今日では概ね過去のものとなっている。外国や国際機関に財政支援を求めればその影響下に置かれ、独立は保てない。
・戦争、大災害からの復旧、大規模公共投資、大不況など対処に時間を要する事態が生じた場合には、経常収入（税収）では賄えず、国債発行（国の借金）に頼らざるを得ない。そうした事態は、やがて復興や投資効果で税収増が生じ、年数をかけて国債を返済していくことができる。

平時に恒常的、経常的支出の財源を国債に頼れば、後世代に利払・償還負担を残す、現世代の負担の先送りとなる。そして、そうした財政運営の下では借金残高は容易に累増する。恒常的経常支出は国債に依存せず、歳出見直しや税収で（現世代の責任で）対処すべきものである。国債依存財政の常態化（赤字財政の常態化）は正常な財政のあり方とは言えない。

②　国債依存財政の問題

ⅰ　国債依存財政の問題

・国債依存財政の恒常化は歳出の歯止めを失う。財政規律が弛緩、歳出の適切な選択感覚が薄れる（国債は返済を要する借金という認識が麻痺する）。民主政治の最大の欠陥の一つともいえる選挙向け、選挙民迎合の財政支出（ポピュリズム支出）が増加する。財政規律の維持は政治が最も留意すべきことの一つである。

・国債依存財政が続けば、国債利払、償還費が累積的に増加する。それは他の必要な財政支出を妨げる、あるいは、さらなる国債発行を招来する。

ii　利払、償還負担、国際信用問題

・不況時の国債発行による財政支出（景気回復すればなくす）は景気対策としての意味を持つ（景気回復による税収増で償還可能）が、経常的支出のための恒常的国債依存は、止めることが難しく（増税が必要のため）、国債残高累増を招く。

それは市場金利上昇につながり、民間経済に影響、国債利払費増による国家財政圧迫、既発債の価格下落を招き国債所有者に損失を与える。

・国債増発は中央銀行買上げによる国債購入（通貨増）につながりやすく、インフレ要因となりうる。

・外国投資家（含外国政府、国際機関）が多くを所有することとなれば、彼らの意向が政府を支配することもあり得る（中国の一帯一路政策など）。

・国債を大量発行、残高の累増する国の財政は国際的にも信頼が揺らぐ。国債の格付けも低くなる、他国につけいられることも懸念される。首都圏直下型地震など国勢にマイナスとなる大きな事変が生じれば信用失墜に拍車がかかり、国債による財源調達は難しくなる。

既発債の利払、償還に支障が生じるとの噂でも生じれば、新規国債の市場消化は難しくなり、その国の財政は行き詰まる。財政破綻は独立国家存亡の危機にもつながる。
・国債は有効な財政手段ではあるが、同時に、麻薬的性格も持つことを忘れてはならない。

ロ　日本の国債依存財政

①　終戦直後から昭和30年代

ⅰ　戦時国債の処理

太平洋戦争の戦費は、増税も行われたが多くは国債発行により賄われ、国民強制貯蓄、日銀引き受けで消化された。

終戦直後、戦災による供給力不足による物不足、凶作による食糧不足、海外からの復員、引揚者による国内人口増で激しいインフレに襲われた。その結果、国民の日々の生活は厳しさにさらされ、国民の現金・預金資産は大きく減価したが、大量の国債残高の償還利払問題は消滅した。

ⅱ　均衡財政時代

戦前の国債依存財政への反省から、昭和22年に制定された財政法では国債発行は公共事業・出資金貸付金に限定（財政法４条）、日銀受け発行を禁止（同５条）。昭和39年度までは国債発行無しの均衡財政で推移した。

②　昭和40年─平成初の時代

ⅰ　建設国債（財政法4条国債）時代

昭和40年度は、39年の東京オリンピック後の不況で税収不足が生じ、年度途中で国債発行。41年度予算では財政法4条国債（建設国債）発行、「フィスカルポリシー時代を迎えた」と喧伝された（福田赳夫蔵相）。

以降、49年度まで建設国債財政となるが、40年代前半は国債依存度5％（歳入に占める国債収入の割合）を目標に財政健全化努力が行われている。後半は、景気情勢、列島改造（田中角栄総理）などから積極財政、国債増発に転じた。

ⅱ　赤字国債（財政特例法による国債）

48、49年の中東石油危機の影響により狂乱物価発生、物価高騰沈静化のため緊縮財政。その影響で49年度はマイナス成長（▽0・5％）となり、50年度予算は税収不足（2・9兆円）を生じ、不足補填のため赤字国債（財政特例法による国債、2・1兆円）が発行された（大平蔵相）。

その後、50年代前半は国債発行増加、残高、利払費急増。57年度以降、財政再建のため歳出抑制、赤字国債脱却（昭和65年度目標）が政治課題となった。歳出抑制、平成バブルによる税収増加もあって平成2年度予算で赤字国債依存財政を脱却した。

③　平成―令和、赤字国債恒常的依存時代

ⅰ　再び赤字国債依存財政へ

平成6年所得住民減税先行実施（9年消費税を3から5％に引上げるとして減税先行実施、細川政権）で財政は赤字となり、再び赤字国債依存財政となった。

赤字財政脱却を目指し、9年11月財政構造改善推進特別措置法成立（平成15年度までに赤字国債依存脱却、10～12年度予算は社会保障、公共事業費などに歳出キャップ（上限）を設けるなど、橋本内閣）。

しかし、10、11年度と経済がマイナス成長となり、景気対策が繰り返され、赤字国債脱却目標はプライマリ―バランス黒字化に変わり、赤字財政は恒常化した。

ⅱ　プライマリーバランス黒字化目標の推移

プライマリーバランス（歳出歳入予算から国債費と国債収入を除いた収支（国債費以外の歳出は税収で賄う））の黒字化が財政再建目標（含地方財政）となったが、目標年度は2011、2020、2025年度と先延ばしされて現在に至っている。

④　財政の現状と財政再建の方途

ⅰ　財政の現状

・平成6年度末で国債残高は約1100兆円、GDPのおよそ2倍に上り、先進国の中でも突出して多い。毎年度の予算の国債依存度は恒常的に3割を超えていた（令和7年度予算案では3割は下回っている）。昨今のコロナ対策の補正予算は累計100兆円ほどに及ぶが、殆ど国債で賄われている（バラマキと思われる性格のものもかなり含まれる）。

・これだけの財政の国債依存を可能にした背景には、長らく低金利が続き、国債残高が増えても国債利払費が目立って増加しなかったことがある。しかし、昨今、金利は上昇局面にある。国債残高は1100兆円なので金利が1％上昇すれば利払費は年11兆円増加する（国債満期は各種あるので発現には時間がかかる）。現に令和6、7年度予算では国債利払費は兆円単位で増加が見込まれている。利払の増加は他の歳出の圧迫要因乃至国債増発要因となる。

ⅱ　プライマリーバランスの意味

プライマリーバランス0の目標は、令和7年度予算では達成近くまできているが、プライマリーバランス0が実現しても、国債利払、償還は国債発行で賄われる。いわば生活費のための新たな借金は止まるが、もともとの借金の元利払のための借金は続く。このままでは、やがて国債費（国債利払、償還費）が社会保障費を超え、歳出の最大費目となる事態も生じ得る。そうした財政を「まとも」と言えるであろうか。世界の国々はどう見るであろうか。プライマリーバランス黒字、黒字で国債残高を減らしていかねば借金も国債費も減らない。財政再建のため赤字国債発行0の目標年度を定める時期にある。

ⅲ　財政再建の方途

・財政再建は一気に行うことは難しい。財政再建のためには、歳出抑制、歳出を上回る税収を国債縮減に充当していくことが第1歩である。政権には覚悟、国民には理解が必要となる。財政再建の世論がなければ進まない。

・予算のうち国債費がおよそ25%、地方交付税がおよそ15%で、残り6割（一般歳出）の半分強は社会保障費である（全予算のおよそ3分の1）。歳出抑制のためには社会保障費を始めとする一般歳出の伸びを抑えることが必要となる。地方交付税も見直す必要があろう。

・新たな歳出需要は、既存の歳出の縮減や廃止で対処するスクラップ・アンド・ビルドか、増税によること、すなわち、歳出増には既存の受益縮減か税負担増加が伴うこととしなければならない（米国の pay as you go 原則も同旨のもの）。

政府は、令和9年度までに防衛費をGDPの2%にするためにはその他の歳出縮減、決算剰余金活用、増税、少子化対策にはその他の歳出縮減と社会経済参加者の支援金が必要としているが、その方針は堅持しなければなるまい。

・財政再建のための増税は新たな受益増を伴わないので国民の理解を得るのはなかなか難しい。まず、税の自然増収は、財政再建（赤字国債依存脱却）まで、国債縮減に充てるべきであろう。

終戦直後のような大インフレが起れば国債費問題は解消するが、国民の経済社会的マイナスを考えればあってはならないことであろう。

・国の予算は受益と相応な負担で成立する。国民負担の無い国民受益はあり得ない。

6　日本の現状への不安、時代の変わり目

21世紀に入って既に四半世紀を経過しようとしている。そして、今、我々、日本人は、経済社会の変化、人口減少、テクノロジー革新、世界情勢の変動の中で、戦後、これまで続けてきた処方箋では対処しきれず、どう変わるべきか、変えるべきかを悩み、試行、模索しているのではなかろうか。

戦前、昭和に入り、日本は、大陸へ侵攻したが、昭和10年代中頃には侵攻は行き詰まり、英米仏蘭の激しい反発、経済制裁を受け、難局に直面していた。欧州で独が英仏蘭ソなどに侵攻する情勢もあり、日米開戦の途を歩んだ過去を持つ。

置かれた状況、局面は異なるが、戦前も、今も、時代の変わり目に直面、将来への選択をしなければならない状況にある。選択を誤ってはならない。

イ　日本の置かれた現状

①　ロシア・ウクライナ戦争の日本に及ぼした影響

ｉ　ロシア・ウクライナ戦争

・ロシアとウクライナの歴史は長く複雑で、ウクライナにはウクライナ人とともにロシア系住民も多く、新西欧派とロシア派の対立があったが、ロシアのプーチン大統領によるウ

クライナ侵攻は、世界を驚愕させ、そして、日本人をある意味で覚醒させた。

プーチンの大ロシア主義を理由とするウクライナ侵攻はウクライナ政権の西側接近を機とするものであったが、世界秩序の基本原則（力づくで一方的に現状の変更をしない）を破るものであり、また、核大国が非核の兵力の劣る国を侵略したこと（加えて侵攻当初のロシア兵の残虐行為）は世界に大きな衝撃を与えた。核戦争は人類に滅亡につながるので核大国による侵略戦争は起こらない時代となったとの世界の認識が崩れた。

・プーチンは数日でウクライナの現政権を倒せると考えたが、ウクライナはゼレンスキー大統領の下に結束、抗戦、戦は長期化、プーチンはウクライナの士気を見誤ったと言えよう。

プーチンは、ウクライナの属国化を目的としている。米・英・独・仏・ポーランド・日など西側諸国はロシアの侵攻を非難、ウクライナに兵器・弾薬・軍事技術支援、経済支援。中国、北朝鮮（参戦は世界に衝撃を与えた）はプーチン支持、トルコ、インド、イランなどは西側諸国側に与していない。世界諸国の対応は国益を反映、割れている。ウクライナ支援の米欧勢力もロシアが大量の核兵器所有国であるため（プーチンは核兵器使用の可能性を発言している）、核戦争、第3次大戦への発展を怖れ、武器と軍事技術支援にとどまり、兵力は派遣せず、供与武器にも使用制限をかけている。

開戦後おおよそ3年、両軍とも兵力損耗も大きく、ウクライナは経済疲弊、汚職、兵役逃れ多発などの問題も抱えている。プーチンのロシアも兵力確保には国内問題も抱えている（北朝鮮参戦はプーチンの苦しさの現れでもあろう）が、ロシアは軍事・資源・人口大国であり、西側の武器・経済支援頼みのウクライナは劣勢な状況にある。

米国トランプ大統領は大統領選挙中から自らの手での戦争の早期終結を表明していたが、25年2月に旧知のプーチン大統領のロシアとの協議に手をつけた。どのような結末になるかは、時日を待たねばならないが、戦争には力の論理が働く。劣勢にあるウクライナが独立、国際社会で安定した位置を得られることを願う。

（2023年10月に起きたガザ地区をめぐるヒズボラとイスラエルの戦争も、イスラエルの圧倒的な軍事力の前にガザ地区は壊滅、ヒズボラ敗北は決定的である。ガザ地区の惨状に国際世論はイスラエル批判の声が大きいが、戦争の結末は力の論理によることを示している。）

ii　日本に及ぼした影響

・この戦争は、日本国民に台湾有事で日本が中国から重大な脅威を受けた場合にどうなるかを考えさせることになった。第2次戦後、初めて日本国民は自国防衛問題を身近に感じたと言えよう。防衛費GDP2%引上げのベースとなり、憲法9条改正についても受け止め方に変化が生じている。

・旧ソ連（ロシア）は、太平洋戦争末期、日ソ中立条約を結んでいたにも関わらず、昭和20年8月8日ポツダム宣言受諾、降伏を目前としていた日本に宣戦布告、15日の日本の同宣言受諾、降伏後も日本領内侵略を続け、北方4島、千島を事実上占領、今日に至るまで返還していない国である。

明治政府は、地政学上、日本は中、露、朝鮮半島に面し、それらの地から容易に攻撃、侵攻され得る場所にあると考えていたが、それは今も変わらない。昨今では、台湾有事と北朝鮮問題がある。

台湾有事（中国の台湾支配）は、中国が米国に台湾防衛に実力行使の意思がないと判断し台湾を海上封鎖・上陸制圧のケース、台湾国政に中国が介入し中国政権が生まれるケースが考えられるが、いずれの場合も日本への影響は大きい。ロシア、北朝鮮がその挙に応じて動くこともあり得る。

また、韓国で親北朝鮮化が進み、半島から米軍のプレゼンスがなくなるようなことがあれば、日本への圧力感は一層強まる。

戦後、日本に平和な時代が長く続き、この地政学上の問題は、日本人の意識から遠のいていたが、中、露、北朝鮮の昨今の動きは、問題を再認識させたと言えよう。

②　米中対立の日本に及ぼす影響

1991年ソ連崩壊後。しばらく米国一強時代があったが、2020年代の今日、世界は米中2大国対立状況にある。

ⅰ　中国習近平

中国に習近平政権成立（2012年11月党総書記、党中央軍事委員会主席、13年3月国家主席、国家中央軍事委員会主席、汚職追及を梃に政敵を追放、政軍支配、政権基盤確立、2022年10月3期目入り）、専制支配の長期政権基盤確立、経済力、軍事力を強め、米国と覇権を争う強国になった。一帯一路構想などアジア、アフリカ、南米、太平洋諸島に影響力を強め、近海では軍事的圧力を強めている。他方、昨今、不動産バブル崩壊、ゼロコロナ対策などで景気悪化、企業倒産増加、失業率上昇、中央・地方の財政悪化、並びに、当局の言論統制・監視体制強化で国内に不満滞留、外国への移住者増加も指摘される。

ⅱ　米国トランプ

・米国は第2次世界大戦以降、強力な産業、最強の軍事力を持つ世界の覇権国家となり（覇権国家は世界最強国として世界の秩序を守る役割を期待される）、近時ではITイノベーションを金融、情報を結び付け、覇権を握ってきた（イノベーションは、AI、さらに、量子コンピューター、宇宙開発へと展開しつつある）。情報、金融覇権の流れは、実の経済から虚の経済への移行であり、問題も伴う。

昨今のアメリカは、少数者への富の集中、所得格差拡大、主力産業交代による取り残された労働者問題、価値観の多様化、加えて移民増、白人層の相対的減少などから社会分断の拡大につながっている。

・2016年のトランプ政権登場は国内分断現象を顕在化させ、アメリカファースト（米国最優先）は西側諸国の結束を弱めた。2020年の大統領選ではバイデンが勝利したが、米国民の人気は芳しいものではなく、2024年の大統領選ではトランプが再選された。大統領選挙で人々を惹きつけたトランプのMake America Great Again、America firstの主張は、2025年1月20日の2期目の大統領就任後、世界各国への最強国アメリカの力むきだしの政治・経済圧力として具体化されつつある。アメリカは、覇権国家として、そして、西側諸国のリーダーとしての役割を果たさなくなろうとしているやに見える。それは孤立主義の伝統への回帰とも見える。

中国は米国に対抗する強国であるが、自国中心の専制国家で世界諸国を取りまとめるポジションにはない。しかし、専制国ロシアとともに米国の覇権後退は望むところである。

・今日、トランプ、習近平、プーチンなどが世界の政治の中央舞台にあるが、彼らも年齢からその存在に限界がある。しかし、彼らが去っても流れが変わらず、不測の事態が生じることが懸念される。

ⅲ　日本の安全保障

・日本の安全保障の基本は、戦後、日米安保条約にある。

アメリカファーストの考え方が米国の主流となれば、台湾有事が起きたとして、その際に米国が武力行使、台湾を守るか、日本が巻き込まれた際に日本を防衛するか懸念される。米国がかつてのありようから変わってきていることを踏まえることも必要である。

日本にとっては、中国は隣国である。昨今の様々な圧力には毅然として対処していかなねばならないが、政治的にも経済的にも友好関係を保つのが最善である。日本は米、中との情勢を踏まえた熟達した外交、辛抱強さ、粘り強さ、そして、基盤となる総合した国力が必要である。わが国は軍事力、外交力、経済力において存在感を高め、他国の侵攻を許さない体制を確立しておかねばならない。

・軍事力とは、兵器、兵員数、情報力そして兵站、教育訓練、ロジスティックなどが重要であるが、国民の祖国防衛の士気が要となる。

また、昨今、国の安全保障の範囲は軍事、外交から経済分野にまで拡大している。物、技術、サービス、情報につき、わが国の自立性、優位性、不可欠性の確保（経済安全保障）が認識され、経済安全保障推進法の制定、実施などが進んでいる。

③　日本の先行きへの不安

ｉ　国勢への不安

戦後復興した日本は、経済大国、平和国家として世界に存在感を示してきた。しかし、平成10年代以降、経済は停滞、かつての勢いを失くした。成長率低下、ＧＤＰ規模・一人当たりＧＤＰの世界のランクも下がり、国際的プレゼンスは低下している。

ウクライナ戦争での穀物・石油価格上昇、コロナ蔓延収束を機に、物価上昇、賃金上昇、企業の収益状況は、昨今、総じて良好であるが、良好な経済社会の持続、国の勢いを取り戻せるかが課題である。

少子化による人口減・人手不足、賃金上昇圧力、財政再建、世界情勢緊迫化などの中で、テクノロジー進展、生産性上昇（テクノロジーの社会実装化）、少子高齢化社会への対応、国民の良識が鍵となる。

ⅱ　テクノロジー発展への懸念

テクノロジーの発展は人類に豊かさや夢の実現をもたらすが、他方、人間社会、地球の自然に及ぼす不測の影響が懸念される。

今日、地球環境問題が広く認識されているが（後述）、これからの発展を期待されるＡＩ、遺伝子（ＤＮＡ）操作技術も、発展に伴う問題が懸念される。

・ＡＩ技術進歩と利用は人間社会に大きなインパクト（社会生活、働き方、労働の質など）を与える。また、人間の有する能力（文章力、思考力、計算力、身体力など）の退歩につながる問題もある。こうした問題に対処していく必要がある。

・ＤＮＡ改変技術の動植物や医療への利活用も人間倫理、地球自然に与える影響を十分に吟味、対応していく必要がある（クローン動物や人間、デザインベビー問題など）。

ⅲ　自然災害、戦争への不安

・南海トラフ・首都圏直下型地震の生起の不安、温暖化による台風・大雨・大洪水・猛暑の頻発など自然災害多発が懸念される。

・自由主義陣営にある国として、そして、地政学上も、我が国は共産主義独裁国中国の軍事的圧力を強く受けざるを得ない。また、核兵器保有国が増えた現在、米中ソだけでなく、偶発的な核戦争が起ることも懸念される。

ⅳ　時代の曲がり角への不安

・重要課題に解決の途を示し、世を主導する信頼できる政治家は、昨今、見当たらない、世界的にも政治は混迷期を迎えている。

・ジャーナリズム、マスコミ、情報メディアは世の人の好奇心や不安、批判を煽ることに注力していると感じる。

膨大な情報が流れる手段が普遍化し（ＳＮＳなど）、無責任な情報、偽情報の流布、意図的情報操作などが混在、何が真実か分からなくなる。規制と共に人々の良識が必要である。

人々は新聞を読まなくなり発行部数は大幅に減少、新聞の実力も落ちた。正論を主張して世の中を牽引する力、過ってのような影響力は期待できないと感じる。

・今の日本は先行き不透明、時代の曲がり角にあると思う人は多いのではなかろうか。

ロ　時代の変わり目―戦前との比較

①　戦前の日本

ｉ　明治・大正の時代

・明治維新は徳川幕藩体制を崩壊させ、日本が近代国家へと変貌した変革であった。その後、日本は、明治、大正と近代化、富国強兵策を進め、五大国（日英米仏独）と称せられる存在にまでなった。維新の為政者には、世界の中で日本がどうすれば生き残れるのか、発展できるのかが常に念頭にあった。

ⅱ　昭和の時代

・明治末から大正にかけて維新を経て新たな日本を築き上げた元老たちが世を去り、昭和初以降は、創業経験のない人々が政府、軍の首脳の時代となった（世代交代）。昭和10年代には軍部とその同調者が政治の実権を握るが、自国の当面の直接的利益を強く意識、国際的視野や世界のパワーバランスを軽視、軍部独走を許し、日中戦は泥沼状態となり、わが国は欧米諸国の経済封鎖を受けて苦しむことになった。既に敗色の兆しのあった獨と同盟、ソ連と中立条約（日本にとって何ら実益のないものであった）、日米開戦、昭和20年8月15日敗戦、27年4月28日独立迄連合軍占領下に置かれた。

②　戦後の日本

i　昭和の時代

・戦後、敗戦占領で戦前の要職者が職を去り、政官も実業界も、自由、民主主義経済社会の下で、思考弾力性に富む人々、若い人々が進出、独立後、経済成長、経済大国への途を歩むことができた（吉田茂総理の力も大きい）。

・戦後の日本の経済発展は、日米安保条約の下、平和国家として経済成長に専心できた環境にもよる。米国による日本の安全保障は、日本が敗戦、弱小国状態からの再出発であったこと、米ソ対立の中で日本が米国にとって戦略上も欠かせない存在であったことによる。日本が経済大国となってからは日米経済摩擦が絶えなくなり、日本は代償を支払い続けざるを得なかった。今では、米国の主たる攻撃対象は中国となった。

ⅱ　平成以降の時代

・平成中期以降、戦後発展を担った世代（戦前、占領下の時代の体験記憶のある世代）は舞台を去り、（戦争を知らない世代、独立後の体験記憶しかない世代へ交代）、昨今、かつてのようなタイプの政界実力者、経営者は見当たらなくなった。日本の世界での相対的地位は低下、将来が不透明な時代を迎えている。

創業者に相当する人々の世代交代、明るい未来の展望を画けぬ状況、将来を見通し国を導く有力政治家の不在（埋もれているのかもしれないが）など昨今の時代の行き詰ったような雰囲気は戦前のそれと似ていると感じる。ここで途を誤ってはなるまい。

ハ　心すべきこと

国の存続と繁栄には、経済力、軍事力、外交力、食糧自給力、エネルギー確保、自然環境保全、そして、安定かつ健全な政治体制が基本であろうが、その他に、昨今の状況から見て心すべきと思われることを述べたい。

①　ポピュリズム

ⅰ　政治

a　国民の選択―国政選挙の基本視座

戦後、民主政治の時代となり、政策の実現は選挙で選ばれた政治家に委ねられている。政治の実権は戦前の軍人に代わり保守党政治家が握っている。

政治の基本は、国の方向、政策を過たないことである。国民はその認識のもとに選挙で投票することが基本である。

昨秋の衆議院選挙を振り返ると、与野党の主張は、政治資金改革のほかは財政支出のバラマキ、減税、社会保険料引下げなどで、放置できない状況にある国の財政赤字をどうするのかの主張はほとんど見られなかった。政治資金問題は是正を要する問題であるが、財政再建、少子高齢化を迎えた社会のあり方、対米対中はじめ外交問題など国政には重要課題が山積している。政治資金だけでなく山積する重要課題への対処如何は選挙の争点であろう。国民の見識を問われていると言えよう。

b　政治のポピュリズム

民主政治はポピュリズム（大衆迎合）に陥りやすい傾向を持つ。昨今の政権は自分の政権維持に執心、そのためポピュリズムに走っていると感じる（野党の主張も同様）。昨今のコロナ対策（全国民一律10万円支給など）、物価対策には巨額のバラマキ財政が多い。その財源は国債であり、将来の国民負担である。国民の受益と負担は表裏一体で、受益は負担を伴うことを忘れてはならない。

ii　戦前の軍事費増加に代わる今日の社会保障費

戦前は軍事費増加が国家財政を破綻させる因となった。今日では社会保障費が戦前の軍事費と同様のウェイトを占め（おおよそ国家予算の3割）、戦前の軍事費に代わるポジションにある。戦前、軍事費の削減が軍部の抵抗、社会情勢から難しかったと同様、今日、社会保障費の削減や負担増は国民に不人気で難しい。

財政赤字縮減、解消は社会保障改革なしにはできない。まず、無駄な経費、冗費縮減と常時言われるが、それで解決できる段階ではなくなっている。

②　民主主義の曲がり角か

i　望ましい政治家への期待

日本の将来を託せる政治家の出現が望まれる。国の存立に必要な施策であれば国民に不人気であっても、国民に説明し、理解を得るのが政治家の使命であり、自分の政権維持第一では困る。その前提として国民には相応の見識が求められる。

ii　国民に望まれること

・現在の衆院選の投票率が概ね5割程度で、世界諸国に比較して低い水準にある（若年層程低い、また、戦後、低下傾向にある）。国民の半分が主権行使を放棄していることになる。投票したい候補者がいないという人も居ようが、その場合でも何らかの意思表示をすべきではなかろうか。国民に主権者としての認識（権利と義務）が必要である。

・今の選挙制度では新人は立候補、当選はなかなか難しい、それ故に２世・３世議員（政治を家業とする層）が増加しているとも言われる。保守、革新を問わず日本の将来を担う政治家登場が期待される。そのためには選挙区制度や衆参両院制度の改革が必要である。政治家からは改正提案は生じにくい問題であり、主権者たる国民の意識が重要となる。

・先の都知事選で候補者が激増した。その一部の者の行動には選挙の意義を理解しているのか多大な疑問を感じる。社会常識を超えるものは法的な規制が必要である。

ⅲ　昨今の民主政治について

・民主主義の代表と言われた米国にトランプ再選、欧州でも右派勢力が増えている。いずれも選挙の結果であるが、全体主義、独裁を目指す傾きの勢力であり、世の流れ、民主主義政治の行方に不安を感じる。

・わが国は民主主義国家であり、選挙で多数を占めた与党が政権を担う。戦後、一時期を除けば自民党が政権を担ってきた。小選挙区選挙制実施（１９９６年）以降、選挙に勝つためには党公認を得ることが必須となり自民党内では公認権を行使できる党総裁・幹部の力が強まった。また、安倍２次内閣以降、総理の力が強化された（官邸主導）。

それらは政権強化につながる面を持つが、一方、自民党内の活力、政府役人の活力が必要以上に削がれたことは否めない。組織には統率力と活力が必要である。

③ 社会

・長寿社会の生活設計を国として、社会として整える必要がある。長寿社会をどう生きるかは国民の最大の関心の一つである。

・日本国憲法は、自由、平等、個人の権利尊重を基本とするが、それは表裏一体のものとして義務を伴う。権利に義務を伴うものであることを国民は広く認識する必要がある。

・子供の学校教育は基礎知識を与えること、人間として備えるべき徳目を教えることが最重要である。英語、パソコンは実利上必要ではあるが、重要度は二次的なものである。

・社会が既得権で身動きできなくなってはならない。流動性のある社会、働けば報われる社会、厚い中間層の存在（民主主義社会の維持のために必要）する社会でなければならない。

・昨今のテクノロジーの進歩の生み出す軋轢（労働者や企業）を吸収していく政治、社会の運営が必要である。

・情報技術が発達、虚偽、デマ、詐術などが蔓延しているが、その防止には、法整備も必要であるが、子供の時からの教育が最重要である。

7　民主主義と資本主義の将来

わが国は、現在、民主主義、資本主義体制の主要国の一つであり、西欧諸国と共に西側陣営に属する。

・西欧諸国も過っては王制の専制国家であったが、近代、市民革命などを経て国民主権の民主主義国に変貌、それが普遍化した。

一方、世界には中国、北朝鮮などの非民主主義国（専制国家）が併存する。首脳や議員は選挙で選ぶ制度を持つ国であっても実態は専制国も多い。それぞれの国の歴史、民族性、地域性による。

民主主義国の主権者は国民であり、公選による政治家選出、三権分立の下に国政が行われる。専制国は専制者乃至専制集団が全てに最終決定権を持ち、三権分立も形だけのものに留まり、専制者の存続、利益、思考が最優先する。

昨今、民主主義の将来が危ぶまれる状況も生じている。

・一方、今日、民主国家、専制国家を問わず、ほとんど全ての国の経済は資本主義をベース（経済成長志向）に運営されている。そして、共に国内に所得格差に対する人々の不満、経済成長率低下などその先行きが懸念されている。

・民主主義、資本主義の将来はどうなるのであろうか。

イ　民主主義

①　民主主義とは

・民主主義体制とは、個人の自由、平等、人権を法的、政治的、社会的に尊重することを基本とする社会であり、主権在民である。近代、西欧で生れた体制であり、移行の過程は革命や戦争により過去の姿（君主制、貴族制など）を消滅させたものから過去の要素を様々な形で残存させるものまで国により様々であるが、右記を基本とする社会である。

・法律、政策、政治指導者の選出など国の重要事は、直接または間接に国民によって決定される統治システムで、全ての成人に選挙権があり、選挙権を行使して自分の代行者（議員）を選び、選ばれた議員は自分を選出した人々の意見を代表、多数決で法律などを定め、決まったことを国民は守る。法治主義の下で権力は行使される。政治、司法、行政の3権分立を前提とする。

・自由、平等、人権尊重の民主主義社会を実現するには、主権者たる国民に民主主義の基本への理解、見識があることが前提となる。

②　民主主義成立の基本

民主主義が健全に機能するためには幾つかの基本の実現が必要である。

ｉ　中間層が大層を占める社会であること。職を得られず、普通に暮らせない人々が多数となれば暴力的社会変革や独裁者の出現が容易になる。

ii　選挙が制度、運営両面について公正であること、そして、国民が選挙に参加することが基本となる。日本の諸選挙の投票率は5割前後であることはいかがなものであろうか。

iii　多数決による決定（法律、施策）は民主主義の基幹となる。主張が実現できなかった人々も多数決の決定を受け入れる、決まったことは順守する。

一方、多数派は少数意見にも配慮しないと統治は安定を欠く。多数決の数が半数に近いほど運営は難しい。

iv　多数の支持があれば政権の永続も可能となり、それを覆すのは難事となる。逆に、多数派が入れ替わることが常となると政治の安定がなくなる。国民がそうした弊害を意識した賢明な選択、対立調整が必要となる。

v　個人の自由を尊重する自由主義（個人主義）は民主主義の基本である。自分の自由が世で尊重されることは、自分も他人の自由を尊重することを伴うものであることを民主主義体制を選んだ人々は自覚することが必要である。

vi　民主主義政治は易きにつきやすく、正しいが苦しみを伴う選択を避け、大衆迎合政治となる懸念が常在する。国民の自覚が重要となる。

vii　機会の平等は結果の平等を伴わない。そのため不満が常在する（左翼思想につながる）。

viii　民主主義体制は社会変革の暴力を否定する。変革は選挙を通じる民意による体制である。民主主義国の代表的存在を標榜していた米国に、前回の大統領選挙を巡り、敗れたトランプが投票結果に不正があると喧伝、それを信じた暴徒の議会乱入事件が生じた。トランプ再選で米国民主主義の先行きが懸念される。

昨今、世界の民主主義体制には動揺、民主主義に明るい未来はあるのかとの意見もみられる。

米国における国内世論分断と自国中心主義（覇権国家としての国際社会のリーダーの責務の放棄）の強まり、欧州の右翼やラテンアメリカでのポピュリズムの台頭などである。所得格差の拡大、政治腐敗、国内多様性増加による政治的要望の多角化、時代の速い流れ、優れた政治家が現れないことなどによる民主主義政治への失望である。

昨今ではＳＮＳによる一方的情報や虚偽情報の氾濫が民意に与える影響、世の中が理性より感情、事実の物語化、事実よりムードに流される傾向など、民主主義の劣化ともいうべき現象がある。

そうした流れが強まれば民主主義はワークしなくなり、ファシズム台頭、世界的混乱が生じることが懸念される。

③　民主主義の将来

・様々な懸念に対応しつつ現実の民主主義政治は営まれており、基本となる国民の良識・バランス感覚が保たれなくなれば崩れる。衆愚社会乃至価値観分裂の社会となれば崩れる。政治指導者の選挙選出のシステムを持つ国であっても実態は独裁者専制の国も多数ある。宗教が支配力を持つ国もある。現在、世界では民主主義体制国よりも独裁専制国の国民数のほうがかなり多いと見られている。民主主義が普遍的、恒久的システムとは必ずしも言えない。

人類の歴史においても、古代、中世は王制乃至宗教が支配する政治体制であり、民主主義体制の歴史は近代のものである（ギリシアの古代民主政治は奴隷制を前提としている）。民主主義体制が永続するか、それはこれからも試される存在であろう。

・日本の明治憲法は、天皇元首制、公選制の衆議院設置を定めたが選挙権は制限され（終戦までは女性に選挙権はなし）、貴族制、家父長制も存在した。とりわけ軍隊では天皇陛下は絶対の権威であった。いわば未完成の民主体制であった。現憲法で日本の民主主義体制（天皇は国民統合の象徴、男女同権、三権分立、自由・基本的人権保障、議員内閣制など）は整えられた。それは歓迎すべきことである。しかし、昨今の政治はポピュリズムに流されていると感じる。国民の良識が求められる。

ロ　資本主義

民主主義国、専制支配国を問わず、今日の世界経済は資本主義的運営の下にある。

①　資本主義

資本主義とは、生産手段の私的所有とそれを利益のために運用する経済システムで、市場競争を基本とする。

私有財産、財産権を認め、資本家が労働者を雇用、全てを商品化（含サービス）して商品生産、自由な市場競争で利益を追求する経済システムである。

産業革命、市民革命で封建体制、農本主義が崩れ、確立した経済システムで民主主義体制の成立と概ね重なる。

専制国家の中露経済も国家統制の下ではあるが、世界経済がグローバル化した今日、工業商業活動に公私の資本を投入、利益を求め市場競争する経済行動をとっており、今日の世界経済は資本主義を基本とするとしてよいであろう。

資本主義経済は経済成長を実現、人間の持つ進歩志向、利益志向、積極性志向に適合するものであり、多くの人に歓迎され、世界中に広まった。

②　資本主義の利点と問題点

ⅰ　利点

資本主義の利益追求は経済成長、技術革新につながり、世界に、豊かさ、人口増、長寿化など人類に繁栄をもたらした。有史以来の快挙であり、人類に大きな利益をもたらした。

ⅱ　問題点

・資本主義経済は、競争力、大企業による市場独占・価格支配、下請企業へ不利益の強要、労働者賃金の抑え込み、公害問題などの社会問題を伴った。問題が意識されるに伴い、その解決、克服のため様々な対策（防止、制御、救済対応）がとられている。

・資本主義経済発展は、気候変動、生物多様性減、森林減少、海洋のゴミ汚染、肥料窒素による土壌・海洋汚染などの地球環境問題、地球資源問題を引き起こした。問題認識は広まっているが、まだ、解決の途が整ったとはいえない。これからも進むＡＩ、ゲノムなどの新たな技術革新についても、社会構造、社会秩序の大きな変動や人間倫理（デザインベビー、クローン人間など）、地球自然との調和（ゲノム改変など）などの解決が課題となる。

・資本主義による競争、弱肉強食思考は、植民地争奪、２つの世界大戦、第２次大戦後は南北問題（国際貧富問題）の因ともなった。南北問題は今も世界の課題である。

・資本主義の存続には多数の消費者、社会の厚い中間層が必要であるが、富める者（少数）と貧しい者（多数）の増加と所得格差拡大が懸念される。個人の大きな富が子孫に世襲され増幅、特定の階級層を形成、国民の批判を浴びる存在となると社会は不安定化する。米国、中国、ロシアなど民主主義国、専制国いずれの国も所得格差問題を抱えている。

・昨今では資本主義の最大の成果である経済成長が将来も続き得るのか、乃至、続けるべきなのかの疑問が広がっている。経済成長と地球環境、人口減少、テクノロジーの限界やテクノロジーと人間倫理などの問題が意識され、経済成長やテクノロジー進歩は人間に幸福をもたらさない、定常社会にならざるを得ない乃至定常社会になるべきなどの資本主義、経済成長懐疑論がある。

③ 資本主義の将来

i 人間の本能ともいえる進歩、利益志向に合った資本主義に代わる経済思想は、今のところ、見出せない。

ii 資本主義の象徴ともいえる経済成長は、先進国では社会の成熟に伴い鈍化している。発展途上国では急伸しているが、それもある水準に達すれば鈍化しよう。また、人類はやがてトータルとして人口減少時代も迎える。先進国はじめ多くの国では既に人口減少は始まっている。それは経済成長にマイナスに作用する。地球環境問題から経済成長への制約もある。しかし、人間の本能ともいうべきテクノロジーの進歩、利益追求は続く。経済の基本（人間の本能）は変らない。生産性の向上、1人当たりの国民所得の向上は続くのではなかろうか。

iii　資本主義経済には様々な問題があるが、問題を多くの人々が認知すれば（人間には倫理意識やバランス感覚がある）、民意が多数となり弊害除去、修正に社会が動く。民主主義には問題を治す力がある。その力は大きい。専制国は批判が封じられるだけに、この点で後れを取る可能性が高い。

地球上、さらに、宇宙には、人類に知られていない真実が無限にある。そうしたものを探究したいという志向を人類は持つ。それは、社会の利益、個人の利益にもつながる。成長志向は、今後も途絶えることはないであろう。

一方、テクノロジーの進歩が地球自然を損なう、人類のあり方の基本を崩す怖れも伴う（ゲノム改変操作、核戦争など）。そのような行動は自制する人間倫理、人類のコンセンサスが求められる。それは人類社会存続の鍵となる。

資本主義経済が人間社会の存続を危うくするような不幸をもたらす乃至テクノロジーの進歩が人類の存続を危うくすると世界の人々が感じる事態が生ずれば資本主義は終焉する

であろうが、資本主義に代わる軸は、今のところ、見いだせない。

8　人口増加から減少へ、人類の未来

ホモ・サピエンス（現生人類）は出現後、その数（人口）は、何回かの減少、停滞はあったが、基本的には増加トレンドを続けてきた。しかし、22世紀初には１００億人を超えるが、それ以降、世界人口は減少に向かうとみられている。先進国では、現在、既に人口減少が顕在化しており、21世紀中には多くの国が人口減少に向かう。それは現代文明の発達により豊かな社会が実現したことの結果生じたものであり、人類にとって初めての事態である。人口減少する人類の未来はどうなるのであろうか。

イ　世界人口の増加

現生人類は30～20万年前頃に出現、10万年前頃にその骨格が固まり、多くの人種が生滅、混血を繰り返すが、農業出現以降、基本的には増加トレンドを続けてきた。

①　近世まで

・20万年前の人口は5千人、7万年前には50万人、6万年前頃に現生人類の出アフリカ、世界拡散が起り、1・2万年前には５００万人に達したとされる（大塚柳太郎推計）。

・1万年前頃から農耕牧畜が始まり、狩猟採集よりは食生活が安定、メソポタミア、揚子江・黄河文明が生まれ、多くの地域に様々な国が盛衰を繰り返したが、人口は増加、紀元

14年には256百万人、1000年には280百万人、1340年には378百万人、1500年には427百万人、1600年には498百万人、1700年には641百万人、1800年には890百万人となったとされる（コーリン・クラーク推計）。

この間にペスト（6～8世紀東ローマ帝国中心に流行し人口の4分の1死亡、1347～52年ヨーロッパで流行し人口の4割、2500万人死亡（いづれも推計））、天然痘（1520年の大流行の死者は5600万人（推計））などのパンデミックや戦争での殺戮もあったが、人口は復元、増加している。

② 産業革命以降の人口爆発

・産業革命で機械・動力を使う工業生産が始まると人口は急増する。

1804年　10億人、1927年　20億人、1959年　30億人、1974年　40億人、1986年　50億人、1998年　60億人、2011年　70億人、2022年　80億人、2024年　81・8億人と激増した（国連統計）。

この間にも1918～1919年のスペイン風邪のパンデミックで4～5千万人、第一次世界大戦で1600万人、第二次世界大戦で5千万人の死者が出たが人口は復元、増加している。（いずれも推計）。

・科学技術発展の著しい20世紀以降、食糧生産の増加、豊かさ実現、医療の進歩により乳幼児、出産に伴う婦人死亡率著減、長寿化の進行で人口は爆発的に増加している。科学技術発展・人口激増は、大量生産、大量消費、大量廃棄社会を伴い、多くの地球環境問題を引き起こしてもいる。

③　今後の見通し

21世紀の今後も世界人口増加は続き、２０５０年には97億人、２１００年頃１１０億人程度で頭打ちとなると推計される。増加の主力はアフリカ、アジアとみられている（国連推計、実数の適否には異説もあろうが、趨勢はうなずけるものと思料する。）。

２０２４年の人口トップ10は、インド（14・4億人、以下同様）、中国（14・2）、米（3・4）、インドネシア（2・7）、パキスタン（2・4）、ナイジェリア（2・2）、ブラジル（2・1）バングラディシュ（1・7）、露（1・4）、エチオピア（1・2）で、日本はメキシコ（1・2）に次ぎ12位で人口１・２億人である。

２１００年にはインド（15億人、以下同様）、中国（6・3）、パキスタン（5・1）、ナイジェリア（4・7）、コンゴ（4・3）、米（4・2）、エチオピア（3・6）、インドネシア（2・9）、タンザニア（2・6）、バングラディシュ(2)、日本は32位で７６００万人となる。

この間に人口増加するのはアフリカ、アジアの途上国で、日本は減少、中国も減少する。

□　日本の人口変動

①　人口の推移

・日本の人口は、縄文時代の最盛期の5千年前頃でおよそ20数万人、弥生時代中期のBC2世紀頃におよそ60万人、8世紀に450～650万人、15世紀以降に1000万人超、18～19世紀に3000万人前後であった（推計）。各時代の人口は、当時、国内で生産される食糧で生活できる限界であったともいえる。

・人口統計が開始されてからの推移は、1900年　43百万人、1940年　71百万人、太平洋戦争直後の1945年　71百万人、1950年　83百万人、1967年　1億人、2000年　127百万人、2010年　128百万人、2024年　123百万人である。

明治に入って人口急増、太平洋戦争の戦没者増加でストップするが、戦後、再び急増した。しかし、2010年に128百万人の最多を記録してからは、毎年、漸減が続く状態にある。将来は、2040年　110百万人、2065年　88百万人とみられている（国立社会保障・人口問題研究所の出生率中位推計）。

②　人口減少の因

ⅰ　出生者の推移

・２０２４年の出生者数は72万人である。１９４９年の第１次ベビーブーム時には出生者数は２７０万人、１９７０年代前半の第２次ベビーブームには２００万人あったが、その後、減少が続いている。

・合計特殊出生率は、１９４７年４・54、１９５５〜１９７５年概ね２、以降減少が続き、２０２２年１・26、２０２３年１・20で世界２００余国の中で１９０位台の低い水準にある（韓国　０・72、台湾　０・87よりは高い）。

22年の合計特殊出生率の県別に見ると、沖縄１・60、長崎・宮崎１・49、愛知・兵庫１・29、福岡１・26、大阪１・19、神奈川１・13、東京０・99となっており、大都市圏が低く、東京が格段と低い。

結婚件数は２０２４年49万９９９９組、１９７２年には１０９万９９８４組あったが連年減少している。

ⅱ　人口減少の因

・今日でも結婚した夫婦は子供２人が多い。出生者が減少するのは、主として、男女とも未婚者が多いことによる。50歳時の未婚割合は、１９８５年頃は男女とも５％未満であったが、1990年以降増加、2022年には男性28・3％、女性17・8％（2023年東京では男性32・15％、女性21・79％で全国1位）となっている。未婚者の増加、少子化は人口減少に直結する。

・現代文明の進展は女性の教育水準の上昇を促した。それは、共働きの常態化、女性の晩婚化、少子化を招き、また、男女の未婚者の増加を招いた。

「結婚しない理由」の調査によれば、「未婚の方が行動・生き方が自由（8割程度）、家族を養う責任がなく気楽、金銭的に余裕があること」などとされる（2021年都調査）。

個人の自由（生き方、選択）尊重の風潮、結婚適齢期に結婚を促す様々な慣習が廃れたことなどにもよろうが、結婚生活の現実の困難もある。

・結婚困難の現実解消には、良質な長期雇用、住宅の確保、賃金の引上げなどが求められる。そうした経済社会の実現が必要であろう。

・1・5万年前からBC10世紀頃まで続いた縄文時代には、食糧の確保と子孫をもうけることは、一家、一族が生き残っていくための最大の重要事で、日々の生活はそのために力を尽くした。豊かな文明社会を営む今日の日本人の生活においては、収入を得ることは必要であるが、生存のための食糧やあらゆる生活用具、加えて、情報、娯楽も容易に入手できる。そして、自由、個人の権利尊重の社会となり、結婚・子供をもうけることについて切迫した必要性、社会的に強いられることも少なくなっている現実がある。

iii　結婚、子育ての重要性

結婚・子育て、子孫を残すことは個々人、誰にとっても人生の重要事である。そして、民族の存続にとっても重要事である。伴侶のある生活は自然であり、また、人生を豊かにもする。

人口減少をストップする（乃至少しでも逆転させる）には、現在、政府により取り組まれている子育て環境の財政支援や施設の充実なども必要であるが、結婚、子育（子孫を残すこと）は苦労もあるが人生、日常生活を実りあるものにすること、社会・国・民族の繁栄に重要な意義を持つことが普遍的に人々に認識され、社会の流れとなることが大切である。

ハ　人類にとって人口の重要性

・先進国の多くでは既に、そして、これから多くの国で人口減少が現実化する。開発途上にあり、これから人口が増加するアジア、アフリカ諸国も、産業発展、生活水準が上昇すれば、今日の先進国と同様に人口減少に転じるであろう。これから１００年もしないうちに、人類が人口減少トレンドに向かう予測は外れてはいないと思料する。

人口減少は、経済成長、働き方、社会保障はじめ様々な各国の社会システムに大きな影響を与え、制度の変革が必要となる。

・今日、わが国も人口減少、人手不足の現実がある。女性、老齢者の就業もやがて限界となる。外国人労働者も増えているが、いつまでも続くものではないし、移民の受け入れは様々な問題を伴うことを覚悟しなければなるまい。人手不足のため、AI、ロボット活用は避けられないが、それでは対処できないものもある。人口減少は地域経済（地方市町村）の持続に大きな影響を与える。

時の経過、人口状況に対応しつつ、手段を総合して対処、対応していく他はないが、人口減ストップには、人々の人生の意義の認識如何も、重要である。

・人類は地球上の生物の一つである。生物学では、地上の生物の個体数の増加は大増殖期を過ぎると減少に向かい、環境にうまく適合できれば高止まりするが、出来なければ絶滅の途を辿るとされる。

男女が引き合う本能が人類にある限り、人口減少はどこかで止まると考えるが、それすらなくなれば人類衰亡を迎えることになろう。

9　地球環境問題は解決できるか

イ　地球環境問題

①　地球環境問題

20世紀後半以降アントロポセン（人新世）の時代（地質年代）に入ったともいわれる。人類の活動が、過っての小惑星衝突や火山の大爆発に匹敵する地質学的変化を地球に与えているとされる。それは動力の使用、機械工業の産業革命に始まり、20世紀の「石油と電気の世紀」といわれる人類文明の発展が招いたものである。

工業化は、経済発展、豊かな社会、人口の急増をもたらし、大量生産、大量消費、大量廃棄の世界を生み出した。その地球環境に与える様々な分野における負の影響はプラネタリー・バウンダリー（地球の機能を制御する様々なシステムが人類の望まない状態に急変する生物物理学的限界）を超えた、乃至超えつつあるといわれる。

気候変動、生物多様性の損失、オゾン層破壊、酸性雨、水質汚染、海洋汚染、森林減少、砂漠化、窒素・リンの過剰使用による海洋・土壌汚染などである。

②　公害問題

工業社会においては地球環境問題の前に公害による健康被害、自然の乱開発が問題となった。

日本で見れば、昭和40年代に水俣病、四日市喘息などの公害病や河川・近海のヘドロ堆積による悪臭や様々な被害が社会問題となり、企業の社会的責任が問われる時代となった。工業化、都市化に伴う国土の乱開発も問題となった。

その対応として、昭和40年代、公害基本法はじめ、大気汚染・水質汚染・騒音・臭気・地盤沈下などの公害規制、被害者救済（原因者負担の原則）の各種の立法が相次いでなされ、公害規制と国土乱開発防止のため環境庁が設置（昭和46年）された。

平成には、大気、水質汚染は改善され、乱開発も規制され、個別の問題はあろうが、全体としてみれば、公害問題は収束、日本は公害対応先進国と世界で認識されるに至った。

③ リオサミットに始まる地球環境問題への対応

次に世界的問題となったのが地球環境問題であった。

20世紀後半から問題として意識されており、１９９２年にリオデジャネイロで開催されたリオサミット（環境と開発に関する国際連合会議）で世界的に取り組むべき緊急問題となった。

リオサミットでは、リオ宣言、アジェンダ21採択、森林原則声明、気候変動枠組条約・生物多様性条約が提起され署名開始、持続可能開発委員会（ＣＳＤ）が設置された。

ⅰ　リオ宣言

ストックホルム宣言（1972年ストックホルム人間環境会議で人間の環境保護義務や各国の責務、途上国には開発の優先など宣言）の再確認と発展を求め、先進国と途上国双方が持続的な開発と地球の保全に関し共通だが差異ある責任を有することを宣言。

ⅱ　アジェンダ21採択

21世紀に向けた持続的発展を実施するための各国及び関係国際機関の実施すべき行動計画採択。

社会的経済的側面（貧困撲滅、人の健康の保護促進など）、開発資源の保護と管理（大気保全、森林減少対策、脆弱な生態系管理、生物多様性保全など）、実施グループの役割（女性の行動、子供・青年、先住民、ＮＧＯなど）、実施主体（資金源メカニズムなど）記載。

ⅲ　森林原則声明

森林に関する問題について各国協力して国際的に解決していくことを目標とすると宣言。

ⅳ　気候変動枠組み条約

a　気候変動枠組み条約

温暖化ガスの増加が地球を温暖化し自然生態系などに悪影響を及ぼす怖れがあることを

人類共通の関心事であると確認、大気中の温暖化ガスの濃度を安定させ、現在および将来の気候を保護することを目的とする取り組みの原則、措置などを定める。
・原則―締約国は共通だが差異のある責任を持つ。途上国などの国別事情を勘案、速やか、かつ、有効な予防措置実施。
・措置―1990年代末までに温室効果ガスの排出量を1990年の水準に戻すことを目標とし、開発途上国に気候変動に関する資金援助や技術移転実施することを求める。

b　京都会議

その後、条約締約国会議（COP）が毎年開催され、97年の京都会議では数値目標設定（2008―2012年には1990年比少なくとも温暖化ガス総排出量5%削減（日本は6%削減表明））。

c　パリ協定

2015年パリ会議では2020年以降の温暖化ガス削減目標を決める（パリ協定）。

パリ協定の合意要旨は以下の通り。
・産業革命前からの世界平均気温上昇を2度C未満に抑える。加えて、平均気温上昇1・5度C未満を目指す。

・今世紀後半には温室効果ガスの人為的発生源による排出量と吸収源による除去量との均衡を達成する。
・各国は削減目標を作成・提出・維持する義務、目標達成のため国内対策をとる義務を負う
—日本は２０１６年に「２０３０年度までに温室効果ガスを２０１３年度比▽26％削減（２００５年度比▽25・４％）」、２０２０年に「２０３０年度には２０１３年度比▽46％、さらに▽50％削減に挑戦」、２０２５年初に「２０３５年度に２０１３年度比▽60％、２０４０年度▽73％とする」としている。

米国は「２０２５年までに温室効果を２００５年比▽26～28％削減目標」提出、トランプ政権はパリ協定離脱したがバイデン政権で再加入、２０２１年に「２０５０年までに実質排出０とすることを目指す（２０３０年目標—２００５年比▽50～52％削減）」、２０２４年に「２０３５年までに２００５年比▽61～66％削減」としているが、２０２５年１月トランプ大統領は再びパリ協定から離脱表明。

—その他の国も削減目標を提出しているが、目標が着実に実行されるかが重要である。

Ⅴ　生物多様性条約

・種、遺伝子、生態系の３つのレベルで生物多様性を捉える。

生物多様性の保全、生物多様性の構成要素の持続可能な利用、遺伝資源の利用から生じる利益の公正かつ衡平な配分を目指す。

・締約会議（ＣＯＰ）を毎年開催。

２０１０年第10回は名古屋で開催、里山イニシアティブ採択─里山のような2次的自然地域の持続可能な維持、再構築を通じて自然共生社会の実現を目指す取り組み。

・日本は条約加入以来、生物多様性国家戦略を閣議決定している（数年毎に改定）。

vi　その他の問題

・オゾン層破壊、酸性雨などについては原因が判明しており、原因物資規制の対応がとられている。

・廃棄物問題は広範囲にわたる問題であり、プラスティックゴミなどによる海洋汚染は国際的重要課題であるが、解決への具体的合意はみていない。

基本スタンスは3Ｒ（Reduce・Reuse・Recycle）、サーキュラーエコノミー（循環経済）システム確立である。

ロ　地球環境問題の因

地球環境問題は人類の20世紀文明の発展のもたらしたものであり、我々人類文明に因がある。

i　気候変動

・気候変動（温暖化）は、主として石油、ガス、石炭（化石燃料）の燃焼の結果生じる大量の二酸化炭素排出が地球自然による吸収を上回ることにより生じる。化石エネルギー消費縮減、エネルギー源を再生可能な自然エネルギーに代えることにより相当部分は解決できるが、自然エネルギー利用には立地の自然条件、コスト問題がある。一部は原子力発電には依存せざるを得ないが、核の利用には根強い反対もある。そうした現実を総合して二酸化炭素排出減を進めていくことになる。

・世界の状況を見ると、開発途上国では公害問題と地球環境問題に同時に対応しなければならない、先進諸国からの資金援助に不十分との不満もある。太平諸島諸国には海水位上昇の現実への強い不安がある。一方、米国には温暖化を否定する意見も根強い。

・現代文明は化石燃料を主体としたエネルギー（電気、ガスなど）に支えられている。これからもAIの進展はじめエネルギー需要は増えていくと見通される（省エネ技術が発達するにしても）。とりわけ自然エネルギー源に恵まれない日本では、自然エネルギーのみでは化石エネルギーの量的代替は難しい。

温暖化ガス削減目標は、地球自然に大きな負の影響が生じることを防ぐため設定した目標（バックキャスト目標）であるが、目標達成には、エネルギー調達の一部を原子力エネルギーに依存せざるを得ないことも現実である。

化石燃料は有限資源であり、将来（数百年後か）の枯渇事態に備えることも今から考えておくべき問題でもあろう。

ⅱ　生物多様性

・生物多様性の損失は、人類の生活圏の拡大による野生生物種の減少であり、20世紀の人類の生活圏拡大が生物多様性損失を急速に拡大させた。

地球上の生物はすべてが連鎖の中で生存してきており、多くの生物種の減少は地球の自然、人類の生存にも影響を与える。森林減少や砂漠化も然りである。

昨今、遺伝子操作による新種の生物が誕生している。それは人間が必要と探求心から作り出すものであるが、人類に有用なものでも地球自然にとっては新たな存在の出現であり、増殖すれば地球環境に影響を与える。

地球自然は全ての変化を受け入れつつ変容していくものであろうが、人類は自らの生存を脅かすような変容は避ける自覚を持つべきであろう。

ⅲ　海洋汚染

・プラスティックによる海洋汚染は海洋生物に大きな影響を与える。

肥料として多用される窒素、リンが海に流れて富栄養化現象を起こし、赤潮、青潮で海洋生物を死滅させている。

・これらも明らかに近代文明に因がある。防止すべき義務は人類にある。

ハ　地球環境問題は解決できるか

①　地球環境問題の解決は、今を生きる人間の解決すべき課題

地球環境問題は、いずれも20世紀の近代文明が引き起こした問題であり、人類が解決しなければならない問題である。

地球環境問題を放置すれば人類の存亡にも関わるとの認識は世界に広まっている。問題解決に関する施策についても様々な合意がなされつつある。国際貿易にも反映されつつある。規制にはコストがかかるため、反対する企業もあるが、そうした行動は国際的に排除される動きとなりつつある。

地球環境問題は人類生存の基盤である地球自然と人類のあり方の問題であり、人類の知恵と良識で解決可能な課題である。

② 人類と地球自然

i 人類は地球自然の一部

文明は人類に豊かさ、繁栄をもたらしたが、地球自然を損ない、また、人類が自然と共に暮らす存在である認識を希薄化させた。

太古の人々は生存のための食物、衣料、住居を自然に依拠、自力で調達した。

今日では多くの人が都会に暮らすようになり、自然の中での生活実感や身体力も失われている。それは文明の成果であるとともに、人類の自然への認識、畏怖を希薄化させ、地球自然を損なう結果を生んだ。

しかし、人類は地球上の生物の一つ、地球の自然の一部である。自然の恵み無しには生存できない存在である。人類文明、地球環境問題を考えるにあたって、人類は地球自然の一部、地球自然と共存する存在であることを忘れてはなるまい。

ii 人類の地球の歴史での位置づけ

人類の歴史は。アフリカ大陸でおよそ700万年前類人猿出現、原人、旧人を経て20～30万年前に現生人類（ホモサピエンス）誕生、今日につながる姿となったのは10万年前頃、6万年前ごろ、アフリカ大陸から世界各地へ拡散、1万年前頃から農耕牧畜生活を始め、社会、国家を営み、近世の産業革命を経て、20世紀以降、繁栄の頂点に達した。この間、無数の国、文明が盛衰を繰り返してきた。我々人類にとっては長い歴史であるが、地球の46億年の歴史から見れば、ほんの最近の出来事にしか過ぎない。

地球は、38億年前に生物出現、造山活動、大陸形成と分裂、全球凍結、小惑星衝突、氷河期などの大変動を経て今日がある。

地球の自然は人類を生み出し、生存、繁栄させてきた懐深い存在である。核戦争などの人為、あるいは、地球の氷球化など自然の大変動で人類が滅びても地球自然はそれを包摂、変容しつつ存続する（地球は、５億年後に大気中の二酸化炭素減少、生物圏消滅、20億年後に金星と同様の状態になり、やがて、太陽に飲み込まれるとされる）。

地球の自然の大変動が生じれば人類もそれに運命を委ねるしかないであろう。人類にとって大切なのは人類の存在を許容してくれる今日の地球自然環境であり、それを人類が自ら破壊することがあってはならないということである。

第2部

武士政権考――頼朝の創始、家康の完成、今に残るもの

武士政権は鎌倉時代から江戸時代までおよそ650年続いた日本の統治システムである。源頼朝は武士政権、鎌倉幕府の創始者として知られる。

頼朝の前に平清盛が朝廷の中で武士として初めて政治の最高実権を手にした。頼朝は、清盛時代末期に決起、清盛没後に平氏を滅ぼし、鎌倉に武士政権を創始した。武士政権成立については、源氏と平氏、清盛と頼朝の興亡を抜きには語れない。頼朝後の武士政権の頭領達は、政権の権威を世に示すため源氏か平氏にその出自を求めている。

平氏も源氏もその開祖は、平安時代に律令制下で天下を支配した天皇家一族から臣籍降下した者である。その一部が当時の地方社会で実力を蓄えつつあった武士層に溶け込み、自らも武士化し、やがて朝廷に仕えるようになる。中でも清盛、頼朝の先祖の系統が実力を蓄え、政治の表舞台に登場した。武士政権は、時代を経て、家康により完成を見た。

本稿は、武士の出現、清盛、頼朝がどのようにして天下の支配者となったのか、鎌倉武士政権の盛衰、そして、武士政権の本質を考察する。

武力は国家の根底にある。今日でも、専制支配国家ではそれが顕わであり、国際社会は武力、パワーバランスで平和が保たれている。戦争と平和、双方とも人間の本能の現れの一つであろう。

1　武士の出現

イ　武士の出現

・武士は、兵《つわもの》、武者《むしゃ》、武夫《もののふ》などとも呼ばれる。天皇支配の基盤であった公地公民制（7世紀の天智、天武、持統が創始）が9世紀頃から崩れていく（制度発足当初から施行上様々な問題はあった）。

公地公民制の基礎となる公地、租庸調を徴収される公民（公租、徴用、軍役負担で窮乏、偽籍・多数の流民・浮浪民化）、戸籍、班田支給が崩壊していく。一方、田畑を事実上集積、富農となり、公租負担も肩代わりする者が現れ、朝廷もそれを事実上認めていく。彼らが弓馬で武装、一族を形成したことが武士の始まりとされる。

朝廷に仕える職制は「滝口の武士」（内裏の警護役）が初で9世紀末頃（宇多天皇の頃）からとされる。

・平安時代（794年～12世紀末）に入ると桓武（平安初代）は35人、嵯峨（3代）は50人の子女をもうけるなど皇族激増時代となり、白鳳、奈良時代の文武、聖武の少子、女帝出現の時代と皇族の数が一変、皇族が多くなりすぎて皇族の臣籍降下が行われ、源氏、平氏が生まれることとなった。

臣籍降下した彼らの一部は有力武士に変貌、朝廷に武力を以て仕え、勢力を伸ばすことになる。

ロ　源氏、平氏の出自

①　源氏の出自

814年に嵯峨天皇が源信《まこと》、融《とおる》以下8人の皇族に源姓を与え臣籍降下させたのが源氏の始まりで、この系統は嵯峨源氏と呼ばれる。その後、淳和、仁明、文徳、清和、陽成、光孝、宇多、醍醐、村上、花山、三条天皇が皇族に源姓を与え臣籍降下させており、これらの源氏は始祖の天皇の名を冠して呼ばれる。

その中で清和天皇の第6皇子貞純親王の長子経基の子孫（清和源氏）が繁栄、源氏の代表者となった。経基の子の満仲（912年生）は朝廷で活躍、摂津守となり摂津国多田荘に武士団形成。満仲の子の頼光、頼近、頼信の子孫から多くの地方源氏勢力が派生する。頼光（大江山の酒呑童子退治）の子孫は摂津源氏、多田源氏、美濃源氏（平氏討滅に立ち上がった源三位頼政の出自）、頼近の子孫は大和源氏、頼信の子孫は河内源氏となる。頼信の嫡子頼義（988年生）は坂東の国司歴任、前九年の役で殊勲、源氏の主流となる。頼義の嫡男義家は陸奥守となり後3年の役を戦い、源氏で重きをなした。弟の新羅三郎義光の子孫は常陸源氏（佐々木氏）、近江源氏（山本氏）、甲斐源氏（武田氏、安田氏）、信濃小笠原氏、信濃源氏（平賀氏）となる。義家の後継者が為義（義家の孫、源氏の勢力低下）、為義の嫡男が義朝（源氏勢力回復を狙う）、義朝の嫡系が頼朝である。

②　平氏の出自

平氏は平安時代前期に臣籍降下した家で、始祖の天皇の名を冠して、桓武平氏、仁明平氏、文徳平氏、光孝平氏の４流がある。桓武天皇の皇子葛原親王の孫の高望王は臣籍降下して平高望となり上総に土着、坂東武士平氏となった。高望―国香―貞盛―維平―正度―正盛―忠盛―清盛と続く。10～11世紀に活躍した維平が伊勢守となった（１００６年）ことから、以降、伊勢を本拠地とし、正度の時代に伊勢平氏武士団形成、伊勢、伊賀に勢力を持った。

2　平清盛政権

イ　清盛の出自

・清盛の父忠盛（1096～1153年）は伊勢平氏頭領で、白河院の北面武士となり、白河、鳥羽院に仕え、越前守、美作守、播磨守など受領歴任、財物を蓄え院に寄進、正4位上、刑部卿まで昇進（白河、鳥羽はかつての藤原摂関家を退け政権奪還、上皇専制政治（院政）を行った）。

・清盛は1118年2月忠盛の長子として出生（母は白河院に仕えた女房）。父の官位のお陰で、1129年　従5位下、佐兵衛佐叙任（12歳）。肥後守（37年）、安芸守（46年）など受領を務め、1153年　父忠盛没、平氏頭領となる。清盛躍進の機会となったのが、保元の乱（56年）、平治の乱（59年）である。

ロ　保元の乱、平治の乱―清盛台頭

①　保元の乱

・1156年7月鳥羽院没、後白河即位。鳥羽院に疎まれていた崇徳院、元左大臣藤原頼長が源為義（義朝の父）、平忠正（清盛の叔父）などの武士を味方として政権奪取を目指して挙兵。清盛、義朝は後白河側につき、反乱軍は敗れ、崇徳は讃岐配流、頼長は傷を負

い没、為義、忠正斬首。

保元の乱で国家権力の行方が武士同士の戦の勝敗で決まったことで、世上「武士の世到来」と言われた。戦後、政治の実権は藤原信西（鳥羽院近臣）が握った。恩賞として、清盛は播磨守、義朝は右馬権頭叙任と下野守重任。

信西は清盛に接近、藤原信頼（鳥羽院近臣）・義朝は反信西となる。

１１５８年　後白河譲位、二条即位（後白河の皇子、鳥羽が意図した継承で、世間の評価は、後白河はつなぎの天皇、二条は賢帝の評判高く本流即位と認識された）。

②　平治の乱

１１５９年12月9日　清盛が熊野参詣に出かけた留守に、反信西連合（信頼、義朝など）挙兵。信西自殺・斬首、後白河院、二条天皇を確保し挙兵は成功した。しかし、清盛が千余の兵力で17日に帰京、25日　後白河・二条は清盛方に逃れ、清盛は信頼・義朝追討宣旨を得て3千余の兵力となり、27日の戦で清盛勝利（義朝は東国の兵を呼んでおらず寡兵、清盛に追討宣旨の大義名分もあった）。

信頼は斬首、義朝は坂東へ逃れようとしたが尾張で裏切りに会い落命。頼朝（参戦）は近江で捕縛され、斬首の運命にあったが、清盛の継母池禅尼の計らいで落命を免れ（義経達の幼弟達も）、伊豆に流された。頼朝の救命は頼朝の幸運であり、清盛の禍根となった。

戦勝の恩賞で平氏の知行国は7国となり、清盛の政治的地位は不動のものとなった。

ハ　二条親政、後白河院政

・皇統本流とされる二条天皇親政（後白河院は逼塞）。清盛は、1160年6月正3位、8月参議、翌年1月検非違使別当、9月権中納言と二条は清盛を優遇。清盛の妻時子は二条の乳母、時子の妹慈子（建春門院）は後白河の寵姫で清盛は二条と後白河をつなぐ役を果たせる立場にあった。

・65年7月二条病没（23歳）、後白河院政始まる。清盛の存在は大きく、後白河は白河、鳥羽のような専制的院政は困難であった。

66年6月清盛正2位、11月内大臣。67年2月太政大臣、重盛従2位大納言（長男30歳）、宗盛従3位参議右近衛中将（21歳）、厳島神社参詣、6月清盛太政大臣辞任、重盛に家督を譲る。

71年徳子（清盛の娘）入内（高倉天皇女御、翌年中宮）。76年建春門院没（35歳）、六条没（13歳、二条皇子、二条皇統絶える）。

二　後白河と清盛対立、清盛専政へ

①　後白河復権の動き

・後白河は鳥羽の皇子であるが、今様狂《いまようくるい》と言われ、暗愚と評された人物であったが、二条皇統が絶え、復権。
清盛の義妹建春門院没で清盛との関係冷却化。清盛に対抗、院専制復活を目指す。
・77年鹿ケ谷陰謀事件、延暦寺が反清盛に動く、
・79年7月末重盛病没（42歳）。清盛は落ち込み福原に籠ると後白河は関白藤原基房と計って重盛の知行国越前を没収、近臣に与え、中納言独断任命。

②　治承3年のクーデター

・清盛は後白河の処断に激怒。１１７９年11月兵を率いて上洛、後白河院政停止、幽閉。関白基房罷免配流、公卿官人39人解官追放。10数か国の公卿知行権を奪い平氏一族に与えた（平氏知行国は全国66国のほぼ半数に及ぶ）。
治承3年のクーデターと呼ばれ、清盛独裁政権となった。
・80年2月高倉譲位、安徳即位（3歳　徳子との皇子）。
・延暦寺、興福寺、園城寺が反平氏戦線を組む。

③　源氏挙兵、清盛の死

・80年4月　以仁王（後白河第3子、高倉の10歳上の異母兄、才能ある人物とされる、30歳）名の平氏追討の令旨が諸国の源氏に発せられる（源為義の末子行家が全国に伝えた）。

5月　以仁王、加担した源三位頼政、平氏軍に敗れ敗死。

・清盛は大庭景親に坂東の平氏家人に軍勢催促を行う権限を与えたが、源頼政の子（伊豆在）の動きを懸念したもので、頼朝、義仲の動静は視野の内になく、この動きが源平戦の始まりになるとの認識は、まだ、なかった。

6月　摂津福原へ遷都（日宋貿易の拠点大輪田泊近く、清盛が別邸を構えていた。鎌倉に似た難攻不落の地）。清盛は高倉―安徳を頂く平氏新王朝の思惑であった。

・8月17日　伊豆で頼朝挙兵、9月5日　頼朝追討宣旨、6日　石橋山合戦で頼朝敗北（8月23日）の報届く。

8月27日　甲斐源氏挙兵、9月7日　木曽義仲挙兵。

10月20日　富士川戦（追討使平維盛、忠度、知度軍が頼朝軍に敗北）。

・11月　清盛、京都へ還都。

近江・美濃源氏挙兵、延暦寺・園城寺反乱軍側に。

12月～1月　清盛軍は南都園城寺・興福寺・東大寺、美濃攻略。

1181年1月　畿内及び周辺9か国総括惣官に宗盛任命（兵士兵糧調達などの追討継続体制を整える）。

・81年2月　高倉没（21歳）、後白河院政復活。

・同年閏2月　清盛熱病で没（64歳）。「我の死後、堂塔も供養も要らぬ。ただ、頼朝の首を刎ね我が墓前に供えよ」と遺言したと伝えられる。

へ　清盛没後の平氏、源氏の動き

・後白河院政復活（軍事面では宗盛も後白河に従がわなかった）。

・平家軍は尾張攻略、西三河まで勢力圏を回復。

・1181年7月　頼朝は後白河に「自分の挙兵は平氏追討、後白河救援を目指したもので、東国は源氏、西国は平氏が支配、朝廷が国司を補任する」よう申し入れ、後白河は宗盛に諮るが宗盛は一蹴。

・8～11月　北陸に義仲侵攻、敦賀まで義仲が抑える。

・坂東に頼朝、北陸・信濃に義仲、甲斐・駿河・遠江に甲斐源氏、それ以外の地は平氏の割拠体制となった。82年は近畿、西国大凶作、83年は東日本冷害と飢饉が続き院宣により追討は停止された。

ト　清盛の評価

清盛は父祖の代から築かれた朝廷内での地盤を基に、保元、平治の乱の勝利の武功から朝廷内で昇進を重ね、勢力を拡大、ついには上皇、天皇を抑えて天下を支配する力を手にしたが、晩年には反平氏勢力（朝廷、比叡山、坂東武士など）の反撃を受け、その中で急逝した。

清盛個人の政治才覚、日宋貿易の商才は優れたものであったが、清盛政権は朝廷組織内の存在であった。

清盛が長く生きていれば頼朝政権の樹立は遅れたかもしれないが、平氏が敗れる流れは覆らなかったであろう。

３　源頼朝政権

イ　頼朝の父、源義朝

・義朝は河内源氏出自の為義の嫡男。頼義、義家父子は前九年の役、後三年の役で名をあげ東国に地盤も築いたが、義家の子の代に衰退、義家後継の為義（孫）は検非違使などにはなったが受領にはなれず、藤原頼長に与して保元の乱で敗れ、斬首された。

・義朝は、当初、相模国三浦氏の鎌倉に在住、三浦義明の娘との間に長男義平、波多野遠茂の娘との間に次男朝長をもうけた（いずれも平治の乱で敗死）。荘園寄進を通じて美福門院（鳥羽の寵姫）、鳥羽院に近づき上洛（１１４６年）、従5位下下野守任官（１１５３年）。

　上西門院（鳥羽の皇女、後白河の同母姉）に仕えていた藤原季範（尾張熱田神宮大宮司）の娘由良御前との間に頼朝誕生（１１４７年）。保元の乱で清盛と共に活躍したが、平治の乱で清盛排除に失敗、坂東に逃れる途中、裏切りにあい落命。

ロ　頼朝の幼少、若年時代—平治の乱敗北、頼朝伊豆配流

・頼朝は13歳まで京都で暮らし、母の係累の関係から１１５８年皇后宮権少進、59年右近将監、上西門院蔵人、二条天皇蔵人となり、平治の乱に従軍、義朝の一時的勝利で従5位

右兵衛権佐に補任。
・平治の乱敗北戦中、父義朝とはぐれ、平氏に捕縛されたが、清盛の継母池の禅尼が自分の亡き息子家盛に頼朝が似ているとして清盛に助命を願い（上西門院から助命願があり、清盛も後白河に恩を売る機会と考えたともされる）、命は助けられ、１１６０年3月伊豆に流された。以降、１１８０年まで20年間、伊豆の北条時政の下で流人生活をおくる。その間に時政の娘政子を妻（77年）とする。

八　頼朝挙兵―富士川戦勝利まで

・１１８０年4月27日以仁王の令旨が源行家により伊豆の頼朝にもたらされた。頼朝は、北条時政・子息の宗時（石橋山戦で戦死）・義時、工藤茂光など伊豆武士団、土肥實平・岡崎義実など相模武士団と挙兵（総勢３００余とされる、三浦軍は酒匂川増水で挙兵に間に合わず）、8月23日石橋山戦で大場影親・伊藤裕親の大軍に敗北、海路安房猟島（千葉県鋸南町）に逃れた。
上総で千葉胤常、上総介廣常参陣、秩父の畠山重忠、河越重頼、江戸重長など坂東武士次々参陣。頼朝は千葉の勧めで義朝の住んだ鎌倉に入る。

頼朝はかつて坂東武者を動員した頼義、義家、義朝の嫡流という武士の貴種であり、寡兵を以て挙兵したことは、20年来、平氏の横暴に不満を抱いていた坂東武者の琴線に触れ、頼朝を担いで我が一族も発展をしたいという流れが生じた。頼朝は出自の良さと時流に乗った。

・10月20日の富士川戦では時流を反映、平氏軍（大将維盛（重盛嫡子））に味方する者は少なく、平氏軍は潰走。

富士川戦後、頼朝は鎌倉に戻り佐竹氏討伐など関東の地盤を固めた。

・12月12日鎌倉に落成した頼朝の館に３１１人の武士が集まり頼朝に忠誠を誓い、御家人制度（御恩と奉公）始まる。頼朝の武士統御の始まりである。

・81、82年は全国的飢饉で戦闘は中断された。82年8月嫡男頼家誕生。

二　木曽義仲、平氏、奥州藤原氏を破り頼朝武士政権樹立

①　木曽義仲との戦

・83年木曽（源）義仲（義賢（為義の子）の子）が倶利伽羅峠（富山県）で平維盛軍を破り進軍、義仲の勢をみて、美濃、尾張、近江源氏、比叡山軍が加わり京都包囲。平氏は7月25日安徳、三種の神器を奉じて福原へ都落ち。

義仲入京。後白河は平氏に安徳帰京を求めるが平氏は拒否、後鳥羽即位。以降、安徳入

水まで1年半ほど2人の天皇が在位。
・後白河は最初に挙兵した頼朝が功績第一、次いで、義仲、行家とし叙任。頼朝に上洛を求めるが、頼朝は上洛せず、後白河から「東海、東山の朝廷などの年貢復活措置を頼朝に任せる」（寿永2年10月宣旨）を得た。頼朝は公的な存在として認められたことになる。
・義仲に従った諸国源氏は義仲を源氏頭領とは認めず、恩賞後、京都を去る。義仲軍は京文化に無知、飢饉の影響もあり、朝廷、公家に不評。
・9月20日　義仲は後白河の平氏追討命で西国へ出陣。
11月　後白河は義仲追討官符発出、自ら法住寺殿に陣取るが、義仲帰洛、鎮圧、後白河幽閉。
12月　後白河から義仲に頼朝追討令、平泉藤原秀衡にも頼朝追討令。
・鎌倉の頼朝は、12月22日　軍上洛に反対する上総介廣常を梶原景時に殺害させ（頼朝擁立の功労者であったが誅殺）、範頼を総大将（義経は11月に伊勢に出陣済み）に義仲討伐軍出立。範頼・義経軍は、84年1月瀬田・宇治で義仲軍を破り入京、後白河確保。84年1月20日　義仲は近江粟津で敗死。

②　平氏追討

ⅰ　一之谷戦

・1184年1月29日　後白河から頼朝に義仲残党追捕、平氏追討院宣。範頼（生田の森（平氏主力）へ）、義経（一之谷へ）は二手に分かれて京都発、福原攻略に向かう。

2月6日　義経の奇襲「鵯越の逆さ落とし」を機に源氏大勝（平氏は通盛、忠度、敦盛、経正、経俊、業盛討死、重衡捕虜）。平氏は屋島に撤退。

・頼朝は義経を京都駐留軍大将、土肥實平・梶原景時に播磨・美作・備前・備中・備後の総追捕使（平氏家人掃討、鎌倉側への取り込み）、範頼には鎌倉に戻ることを命じた。

ⅱ　屋島、壇之浦戦

・屋島戦

屋島の宗盛、九州では知盛が勢力回復。

1184年8月　範頼鎌倉発、29日　京で平氏追討官符、9月1日　山陽道へ出陣。しかし、長門を攻略できず退陣長期化、遠征軍は厭戦気分となる。

85年1月　頼朝は義経に出陣命令、2月19日　義経は渡海、屋島を内陸から急襲、陥落。

・壇ノ浦戦

85年3月24日　壇ノ浦海戦、平氏内の裏切り、義経の「水主、舵取りを殺せ」の命で平氏水軍壊滅、安徳（水没）、建礼門院（救助された）入水、三種の神器のうち剣が水没、失われた。大将知盛は「見るべき程のことは見つ」の辞世を残して水没、宗盛父子は捕虜となった。

宗盛の統帥力不足、一之谷戦での有力武将の損失、平氏の公家化などが敗因とされる。源氏側は恩賞目当てに戦い、勢いがあった。

頼朝は、範頼に九州にとどまり平氏残党狩り、没官領始末を命じ（半年程在九州）、義経には捕虜を伴い帰京を命じた（4月26日上洛、凱旋将軍として迎えられた）。

ⅲ　義経の没落

・5月義経は宗盛など捕虜を伴い鎌倉へ向かうが、頼朝は謀反の疑で義経の鎌倉入り拒否（義経の頼朝への釈明を述べる腰越帖騒動は著名だが、真偽は疑問とされる。義経が御家人の恩賞のための活躍の場に配慮せず独走、梶原景時などの讒訴にあったともされる。義経は敵討滅の戦略に才があったが、統師の才に欠けたともされる）。義経は京に引き返す。帰京途中で宗盛等を処刑。

・8月16日　後白河は義経を伊予守補任、検非違使留任。

10月17日　頼朝の命で南都悪僧土佐坊昌俊が義経居館襲撃、失敗。

同18日　義経の要望で後白河から頼朝追討院宣。
11月１日　頼朝は対義経戦のため駿河国黄瀬川まで進軍。３日　義経は募兵のため西国へ船出、暴風雨で難船、行方をくらます。
・頼朝が義経排除に動いたのは、後継頼家はまだ幼く、御家人の間に義経を頼朝後継に推す動きが生じることを怖れたためともされる。

iv　頼朝の事後対応

・11月11日　後白河から頼朝に義経・行家追討院宣。
・頼朝は義経に頼朝追討院宣を下した後白河の責任を問うため北条時政を京に派遣。守護地頭設置勅許（荘園・公領に預所《あずかりどころ》と地頭、国に国司と守護、朝廷と幕府（武士）の組織が併存することとなり、以降、武士の力が勝っていく）を得た。頼朝は恩賞として御家人を地頭、守護に任じた。

③　奥州藤原氏討滅

・１１８７年２月　義経奥州入り。藤原秀衡は頼朝に対抗するため義経を受け入れるが10月29日没。
89年４月　後継藤原泰衡は頼朝の要請に応え義経殺害。
７月19日　頼朝出陣、陸奥国阿賀津志山（福島県伊達郡国見町）で泰衡軍を破り、進軍、

平泉陥落、泰衡は助命を求めたが許されず、配下の裏切りで殺された。
・奥州合戦は頼朝の天下取りの最終戦であり、自らが陣頭に立ち、配下の全ての武士に動員命令、この戦で頼朝の武士支配体制は確立。挙兵後10年であった。

ホ　頼朝上洛、征夷大将軍補任、鎌倉幕府政権確立

①　頼朝上洛、後白河没、征夷大将軍補任

・1190年10月3日　頼朝は千騎を率いて鎌倉発、11月7日　入京。
11月9日　後白河上皇、後鳥羽天皇に拝謁、24日　右近衛大将補任（12月3日辞任）、後白河と8回会談。公武落居。
・91年1月15日　前右大将家を名乗り、政所、将軍家下文《くだしふみ》使用開始。
・92年3月13日　後白河没。後白河は清盛に対抗しようとしたが果たせず、清盛没後、平氏討滅に頼朝、義仲を利用、頼朝潰しに義経を利用したが、頼朝は後白河の策略を潰し、自らの要望を通し、実を獲得していった。
・92年7月　頼朝は後鳥羽から征夷大将軍補任、8月　実朝誕生。

②　頼朝没まで

・1193年　富士巻狩、蘇我兄弟仇討事件（北条時政による頼朝殺害の策謀ともされ

る）。事件後、逆心ありとして弟範頼粛清。
・95年2～6月　頼朝再上洛（政子、頼家を伴う）。東大寺大仏殿再建供養出席、大姫（長女）の後鳥羽後宮入り画策（97年大姫没で実らず、次女乙姫（86年生）も99年没）。
・98年後鳥羽譲位、上皇に（19歳）、土御門即位（4歳）。
・99年1月13日　頼朝没（53歳）。
前年12月27日　相模川橋新造式出席、帰路落馬。何者かの襲撃か、急病か、自然落馬か不明。吾妻鑑（鎌倉幕府の記録）は頼朝没前3年の記述を欠いている。
・頼朝は西国武士団を掌握しきれずに没した。

源頼朝の墓 法華堂跡（2012年09月05日撮影、神奈川県鎌倉市：時事通信フォト）

へ　鎌倉幕府について

①　成立時期

鎌倉幕府成立をいつとみるかについては、以下の諸説があり、どの時点か学説は分かれる。

1180年12月　鎌倉で御家人制度発足の時
1183年10月　寿永2年宣旨で頼朝が公的存在として認められた時
1185年11月　文治の勅許で守護・地頭設置を認められた時
1190年11月　右近衛大将補任の時
1192年7月　征夷大将軍補任の時

②　幕府組織、構成、内実

・幕府の組織は、1180年11月17日　侍所《さむらいどころ》設置（別当和田義盛、御家人・軍事所管）、84年9月　公文所《くもんじょ》設置（別当大江広元、行財政所管、91年政所《まんどころ》に改組）、91年10月　問注《もんちゅう》所《じょ》設置（執事三好康信、訴訟準備、頼朝親裁）。
　頼朝あっての幕府であり、所領安堵権、理非成敗権を持つ頼朝親政であった。
・幕府構成勢力は、挙兵と共に戦ってきた東国武士団、時政・政子など姻戚北条氏、大江広元など京都下向文官の三派。

・源氏一門は、義経、行家、範頼、甲斐源氏は頼朝が粛清。残る一族も頼朝後に粛清され、足利氏が残り尊氏につながった。

ト　頼朝武士政権の評価

・頼朝の生涯は、武士貴族としての幼少10年、伊豆流人の20年、政権樹立の20年（平氏討滅まで5年、10年で東国支配確立、平和確立（公武洛居）後の10年）である。

・武士の貴種の出自、対抗する大物の平清盛・藤原秀衡没など幸運もあるが、東国武士団を統御（恩賞を用いての武士掌握）、幕府組織の組成、情報収集、時宜に応じた朝廷（後白河）との外交、自己権力維持のための冷酷非情な決断、本拠地鎌倉（東国武士の源）を動かさなかったことなど傑出したリーダーの才があった。

武士の最大の関心事である所領を巡る争を武力闘争に依らず、証拠に基づく訴訟（頼朝親裁）により解決するシステムをつくり、平時の世の基礎を築いている。

後年、徳川家康が頼朝を尊崇したといわれることも頷ける。

4　頼朝没後の鎌倉幕府の盛衰

イ　頼朝の後継者への配慮

・頼朝は嫡男頼家には流人時代から世話になった比企氏（比企尼は頼朝の乳母、河越重頼に嫁いだ尼の娘を頼家の乳母に、乳母夫に比企能員と源氏一門の平賀義信、能員の娘を頼家の妻とした）、次男実朝には北条氏（政子の妹の阿波局を実朝の乳母に、乳母夫に頼朝異母弟全成）を配した。

・北条時政は、頼朝の流人時代の預かり先、挙兵以来の味方、妻政子の実父であるが、頼朝は、決起後、時政を重用していない。頼朝の時政の資質に対する疑、時政の頼朝に対するスタンス（平氏時代は頼朝の監視役、頼朝は北条の婿）に因があったと考える。頼朝は、政子も息子の実母であるが、北条一族とみていたであろう。

嫡男に比企能員を付けたのは比企氏の忠誠への信頼が厚かった故であろう。

ロ　2代頼家

頼朝没後、1199年1月将軍職を継いだ頼家（1182年生）は、宿老と対立、政子に見捨てられ、後ろ盾の比企氏は北条氏に族滅され、僅かの間で滅んだ。

・1200年1月　重臣梶原景時族滅（北条時政の策謀とされる）、03年6月　実朝乳母夫の頼朝異母弟全成殺害（景時族滅に対する頼家・比企氏の報復とみられている）。

・03年9月　北条時政、政子により比企氏族滅、頼家失脚、04年7月　頼家は修善寺で殺された。

・頼家は、頼朝挙兵時に生まれ、頼朝の天下取りの戦に参戦した経験はない。挙兵時から戦い、実力で御恩をかちとってきた御家人から見れば、頼家は戦も政治も知らぬ若年者であり、無条件に頭領として尊崇できる存在ではなかったであろう。頼家が頼朝嫡男で後継者となるのは当然との意識でも、頼朝に比すべき卓抜した政治、統御の才に欠け、同年代の若者と与して宿老と対決、支配しようと動き、反発を招いた。頼家は武術には優れたが、それ以外は平凡な2代目であり、比企、北条の軋轢の下で、比企氏族滅、実母政子に見放された。

ハ　3代実朝

次男実朝（1192年生）、将軍職継承（1203年）。長じるに及び実朝は後鳥羽を尊崇、結婚、政治、趣味において政子の意向に反した行動をとる。

・05年6月　北条時政の策謀で畠山重忠一族族滅。

同年閏9月　北条時政失脚、隠居（時政・後妻牧の方と政子・義時は不仲、権力争に時政敗北）、政子・義時が実権を握る。

13年5月　北条義時の策謀で和田義盛一族族滅。

幕府創設時の重臣が次々と北条氏により滅ぼされ、北条独裁体制が整っていく。

19年1月　実朝が頼家の遺児公暁に暗殺される（北条義時、三浦義村による暗殺策謀説もある）。

・実朝は後鳥羽の朝廷文化に憧れ、また、自分に子が出来ないことを悟り、後鳥羽の皇子を後継に迎えようと考えていた。後鳥羽寄りの実朝は、北条氏はじめ御家人にとって歓迎すべき人物ではなかった。

・頼朝、政子の子の生涯は息子も娘も全て不幸なものに終わっている。

二　承久の乱、北条義時権威確立

・後継者につき政子上洛、親王下向（実朝の意向でもあった）を後鳥羽に願ったが実現せず、後継将軍は関白家の九条道家の三男三寅（頼経）となった。

頼朝直系以外の源氏一族は存在したが、政子・義時は後継将軍に推戴しなかった（北条氏専権の思惑によろう）。

・後鳥羽は和歌・琵琶・漢詩・蹴鞠など文芸の才に優れ、弓馬も得意とする異色の天皇

（上皇）で、朝廷復権を考え、自分を尊崇する実朝を通じて幕府支配を考えていた。実朝が殺され、北条氏支配を幕府弱体化とみて討幕に踏み切った（１２２1年5月承久の乱）。しかし、政子・北条義時の御家人支配は揺るがず、後鳥羽側についた武士は少なく、後鳥羽は敗れ、隠岐の島に流され、終生を島で終え、朝廷復権は潰えた。

・承久の乱の勝利で義時は頼朝と並ぶ幕府創始者と位置付けられ、北条義時の子孫の幕府支配に正統性を与えることとなった。

ホ　鎌倉政権の滅亡

・時の経過とともに北条一族とその家人《けにん》、北条シンパが幕府特権支配層を形成、統治が硬直化、それに対する不満が累積。そうした情勢を見て、天皇親政を目指し後醍醐決起。後醍醐に与した源氏末裔の足利尊氏、新田義貞により１３３3年鎌倉北条政権は倒された。

・しかし、後醍醐親政（建武中興）が目指したのは平安初期の天皇親政への復古以外のものではなく、武士の不満を招き、政権は2年余しか続かず、足利尊氏（１３３8年　征夷大将軍）の武士政権（足利幕府）に戻った。

尊氏に敗れた後醍醐は吉野を本拠地として、しばらく吉野と京都の南北朝時代が続くが、実権は北朝を掌握する足利幕府にあり、南朝は政権への不満分子に利用される存在となり、やがて北朝に吸収された（1392年）。南朝は後醍醐の討幕執念と武士の利害、打算に支えられた存在であった。

天皇復権の争乱は後醍醐を以て終わったが、天皇家は存続、今日に至っている。

５　その後の武士政権

イ　戦国乱世と天下統一

・足利幕府（室町幕府　１３３６年成立）は、３代義満の後、衰退、応仁の乱（１４６７年）を機に戦国時代となる。

戦国時代は乱世、中央、地方を問わず、武士が版図を巡り争を繰り返し、興亡する世界で、こうした時代がおよそ１００年続く（多くの旧名族が滅びた）。この間、足利将軍は武士頭領の象徴として存続した（信長が京都を征するまで）。

・天下統一に向かうのは信長の上洛（１５６８年）に始まる。信長は本能寺の変（１５８２年）に倒れるが、秀吉が引き継ぎ１５９０年には奥州平定、全国統一を完成。秀吉没（１５９８年）後、関ケ原戦（１６００年）で石田三成を破った家康が政治の実権を握り（江戸を本拠地）、征夷大将軍となり（１６０３年）、豊臣秀頼を討滅（１６１５年）、以降、１８６８年の明治維新まで江戸幕藩体制、徳川時代が続いた

ロ　徳川幕府—武士政権の完成

家康は頼朝を尊崇したといわれる。家康は頼朝幕府を学び、それを超えて徳川宗家支配

体制に万全の措置を講じている。

ⅰ　最後の競争相手であった秀吉の唯一の後継者秀頼を討滅、豊臣家、豊臣家支持者達を再起不能にした。

ⅱ　徳川政権永続のため、家康を神格化、影響力の持続を図った。士農工商の身分制、士を支配層と位置づけ、家大切、忠孝道徳を柱とした徳川家専制支配思考の基盤を確立した。

ⅲ　徳川宗家が最大の領地と武力（旗本・御家人）を持ち、大領地の親藩、所領は少ないが徳川に忠実な譜代大名を枢要地に配置、徳川に対抗したが生き残った外様大名を封じ込める幕藩体制を確立。参勤交代や大土木工事で忠誠を試し、大名の財力を消耗させた。

ⅳ　政治の実務を徳川宗家に忠実な譜代大名の老中に委ね、政権内のチェック体制も整えた。

徳川将軍支配の社会持続を目指したものであり、乱世、下克上時代の要素を否定、一掃し、生前に万全の体制を整えたことは驚嘆に値する。家康は長寿に恵まれたことはあったにせよ、自らの政権の存続につき創意とともに歴史に学んだ好例であろう。

6　武士政権の本質、世界の現実

イ　武士政権とは

武士政権とは最強の武力（兵力、軍備、財力）を持つ武士集団の頭を中心に世を統治、支配する社会である。頭の支配者としての権威確立は必須である。

武力が支配の決定的要素であり、政権の存亡は、武力闘争、戦の勝敗、生死で決する。最強の力の保持が続けば政権は持続できるが、力が衰えれば衰亡する。武士政権の時代には最強の支配者となるための戦が繰り返される。そして、武士が支配階級を構成した。

ロ　政権（支配）の本質

わが国の武士政権（武士の支配）は徳川幕府で終わったが、力（軍事力、治安維持力、経済財政力）が統治、社会秩序を守るため重要な要素であることは古代から現代まで変わらない。さらに、政権が長続きできるか否かは支配される人民の政権への信頼度による。

わが国の歴史を概観すれば以下の通りである。

ｉ　古墳時代から平安時代まで天皇政権（王制）がおよそ千年続いた。天皇家も豪族連合政権の時代には自らも兵力を持ち、律令制時代には朝廷に国軍として組織化された軍も存在した（武人に政治力はなかった）。平和が長く続いた平安時代を経過するうちに国軍は衰退、勃興した武士勢力に政権を奪われた。

ii　初めて武士による政権を創設した頼朝は、御恩（土地、守護、地頭職授与など）と奉公（忠義）、武士の所領争いを訴訟で決着させるシステムを築き、武士支配社会の基盤を確立した。

iii　足利幕府後半、戦国時代には、全国統一政権は消滅（名目的には残存）、力での一族興亡の社会となる。

iv　乱世を収束した家康は頼朝の基本を踏まえ、それを発展させる形で徳川長期武士政権の基盤を確立、戦のないおよそ２５０年政権は続き得たが、幕末には幕府の力が弱まり、統治体制が揺らぎ、時流に乗った討幕勢力に対抗できず、明治維新で幕府崩壊、武士政権も崩壊した。

v　維新政府（幕藩体制解体、天皇を元首とした近代法治国家へ）が誕生、西南戦争を最後として内戦終焉。その後の日本は、外に向かっては武力進出、日清、日露、大陸侵攻、太平洋戦争へと続いた。太平洋戦争敗北の１９４５年までの最後のおよそ10年間は軍人が政権、国策を左右する存在となった。

vi　太平洋戦争敗北後、わが国は主権在民の自由、民主主義体制の国となり、対外侵略戦争放棄（平和憲法）、戦後およそ80年、戦争のない世を過ごしてきた。戦前社会との大きな違いであろう。

・一方、今日に至るも国際社会はパワーバランスの世界であり、国の存続のため武力（軍事力、治安維持力）保有は必須である。わが国は侵略戦争を放棄したが、自国防衛のための兵力、軍備は保有。それについては憲法上合憲の解釈が確立している。

ロ　世界の現実

・世界秩序維持の基本原則は「力づくで一方的に現状を変更しない」こととされている。しかし、今も世界のどこかで内戦、侵略は生起しており、戦争は消滅していない。各国は軍事力を持ち、友好国と連携や同盟を結び、パワーバランスで世の平穏を保つのが現実である。武力保持、各国との連携は、国家存続の基盤として依然として重要である。

・武力行使（戦争）の事態が生じた場合（国民の意見も割れるであろう）、民主主義国では開戦に国民の合意（何らかの形での）が基本となるが、専制国では専制者の意思による（チェック機能は弱い）。その点では、専制国が発端となる戦争の危険は大きい。しかし、今日の戦争は交戦国の国民に大きな影響を与える。民主主義国、専制国を問わず、最終的には国民大勢の動きが戦争の帰趨を決めることになろう。また、国際世論の動き、それに基づく関係国の動きも戦争を左右する。

・争とその抑制（戦争と平和）はともに人間本能の一つで、個人にも、集団にも、国家にも存在する。基本は、人々の心の持ち方にあるのであろう。

第3部
古代史考―古代天皇の実相

日本の古代史を記す書籍は日本書紀、古事記（記紀）に代表される。

いずれも壬申の乱を制し、天皇となった天武の詔（天武10年、681年）により編纂を開始、持統、文武時代を経て、古事記が712年（記、元明時代）、日本書紀が720年（紀、元正時代）に完成した。そして、日本書紀は日本の正史として扱われてきた。記紀は天皇支配の正統性、とりわけ天武・持統支配の正統性を示すことを目的としたとされる。

編纂当時には古来の天皇、豪族を巡る様々な伝承や記録（帝紀、旧辞など、現存せず）も残されていたが、記紀編纂で統一、万世一系の天皇家とし、編纂目的に沿って様々な創話を織り込まれたと解されている。

天地開闢、伊弉諾・伊邪那美の国生み、天照大神の高天原、大国主神の国譲り、天孫（瓊瓊杵尊）降臨（高千穂の峯へ）、天孫4代目の彦火火出見《ひこほほでみ》（神日本磐余彦《かみやまといわれびこ》（神武））の東征・奈良橿原宮での即位、以降、歴代の天皇の事績が記述される（古事記は推古即位まで、日本書紀は持統即位まで）。古事記と日本書紀では若干の記述の相異はあるが大筋は同じである。

本稿では、筆者がかねて関心を持ついくつかの古代天皇の実相を考察したい。

1　神武東征、欠史8代天皇の実相

初代神武、続く2～9代までの歴代天皇の実相につき考察する。

イ　記紀の記述

①　神日本磐余彦（神武）

天孫降臨した瓊瓊杵尊《ににぎのみこと》から4代目が神日本磐余彦（神武）である。

45歳の時、六合《くに》の中心《もなか》の地（饒速日《にぎはやひ》が既に天下っていた地）への東征を決意（時は天孫降臨から179万2470余年）。

筑紫国、安芸国を経て、吉備国で3年間準備。河内国日下《くさか》村に上陸、生駒山から大和に入ろうとしたが大和の長髄彦《ながすねひこ》に敗れ、戦いで傷ついた五瀬命（神武の同母兄）落命。紀伊半島を迂回して熊野に上陸、大和の宇陀《うだ》に入る。長髄彦と戦になるが、首長の饒速日が神武の威にうたれ、長髄彦を殺して神武に帰順、大勢決着。神武は残存勢力を掃討して大和制圧。東征開始から6年であった。

纏向近くの三輪山の事代主《ことしろぬし》の娘の五十鈴媛《いすずひめ》を正妃とし、辛酉年1月1日に橿原宮で即位、天皇元年とした。

在位76年、橿原宮で没、127歳。和風諡号は神日本磐余彦。

天皇という名称が使われるのは7世紀初以降（それまでは大王《おおきみ》）、神武、崇神などの天皇の漢風諡号が作られたのは8世紀後半とされる。

② 2～9代

2代目は、日向生まれの手研耳命《たぎしみみ》（母は日向吾田邑《あたむら》の吾田姫）と神淳名川耳命《かみぬなかわみみ》（母は正妃五十鈴媛）が争い、神淳名川耳が手研耳を倒して即位して綏靖《すいぜい》（在位33年）。安寧（在位38年）、懿徳《いとく》（同34年）、孝昭（同83年）、孝安（同102年）、孝霊（同76年）、孝元（同57年）、開化（同60年）、10代崇神（同68年）と続く。記紀には、綏靖の即位の経緯以外、2～9代までの8人の天皇につき、宮を営んだ地、后妃の名と出自、皇子皇女の名が記されるが、治世の事績の記述を欠く。10代崇神は詳細な治世の事績が記述され、それ以降の天皇も量の多少はあるが治世の事績が記述されている。こうしたことから2～9代の8人の天皇は欠史8代と称され、実在を疑う見解も多い。

ロ　神武時代の実相

①　神武への疑問

神武紀については以下のような数々の不自然さ、史実としての疑問がある。

・神武は天孫瓊瓊杵尊からおよそ180万年後の4代目、母は海神の娘（鰐鮫）とされ、神話につながる存在であること。

・神武東征以前に大和には饒速日が天下り、日向の天孫国と併存している。天孫は何故最初から大和に降臨しなかったのか。

・饒速日が神武との戦に敗れたわけでもない長髄彦を殺してまで神武に降伏したこと。

・神武東征と称するが、実戦の記述は大和の戦のみ。その他の地は既に神武に服従していたのか。

・神武紀には治世の事績の記述はない。治世事績の記述は崇神から始まる。神武と崇神は「はつくにしらすすめらみこと」と同名で呼ばれたと記述される。これをどう考えるか。

同一人物を分けて書いたとする見解もある。

②　神武東征、欠史8代天皇時代の実相

i　BC660年に神武即位

・神武即位の年は、書紀の天皇の在位年数から計算するとＢＣ６６０年となる。

ＢＣ６６０年頃は水田稲作が北九州（福岡平野）から西日本へ伝播しつつある弥生時代前期、石器時代に相当する。弥生人や弥生化した縄文人の水田稲作が、数百年をかけて東進しつつある時代である（奈良盆地にはＢＣ６世紀頃、関東や東北南部にはＢＣ４世紀頃までに普及）。この時代の倭王朝創始はあり得ない。

・ＢＣ６６０年神武即位は、天皇記国記（推古時代に編纂、焼失したとされる）乃至記紀編纂者が辛酉革命説（１２６０年毎の辛酉年に大きく世界は変わるとする中国の讖緯説）にのっとり、設定したものと理解されている（有史後の最初の辛酉年は推古9年（６０１年））。

ⅱ　倭王朝、倭大王の出現

ａ　各地に国出現、纏向建設

弥生中期（ＢＣ4世紀以降）末から後期（紀元1～3世紀前半）には、中国漢文明の受け入れ口となった北九州の奴国、伊都国、吉野ヶ里など、2世紀中頃には出雲、吉備に大首長が繁栄した。

2世紀後半に大和奈良盆地に纏向建設が始まった。当時としては国内最大の4つの建物（東西軸線上にあり、王宮とみられる）、道教的祭りを行ったとみられる痕跡（桃の種など）、ベニハナ染色工房跡などが出土しており王都であったとみられている。

ｂ　卑弥呼の邪馬台国連合の出現

・魏志倭人伝によれば、2世紀末に倭国大乱を経てシャーマン卑弥呼が大首長達に倭国女王に共立され、邪馬台国《やまと》（纏向であろう。北九州説（伊都国か、吉野ケ里）もあるが説得力を欠く）に住んだとされる（邪馬台国連合成立）。

・魏志倭人伝の右の記述について以下のように考える。

弥生時代に始まる水田稲作は集団作業を必要とし、集落が形成され、首長が生まれ、田地や水利を巡り集落間の争が生じた。時を経て集落は統合され国、大首長が生まれ、争は国同士のものとなった。２世紀は天候不順（１２７年には歴史上最大の降雨量）、人々は洪水、集落田畑流失、飢餓に苦しみ、集落の衰退、統合があり、西日本の国々（北九州から畿内まで）を巻き込む争乱が生じた（倭国大乱）。そうした中で、纏向の邪馬台国（唐古・鍵遺跡（奈良纏向近くの42ヘクタールの弥生大遺跡）を中心とする勢力）が主導権を握り、シャーマン卑弥呼を頂いて邪馬台国連合が成立したと思料する（北九州の伊都国（当時の先進国）勢力が畿内に移ったとみる見解、伊都・吉備勢力に出雲、瀬戸内、畿内勢力協同で纏向建設の見解もあるが現実性を欠く）。

c　狗奴国と邪馬台国の戦、卑弥呼の死について

倭人伝では、卑弥呼は魏へ遣使、親魏倭王と認められ、３世紀中頃の狗奴《くぬ》国との戦が起ると魏は卑弥呼の要請に応じて軍使を送り、卑弥呼を支援（派兵はなし）、卑弥呼は乱中に没したと記される（自然死か、戦死か、処刑かは不明）。

当時の地図では日本列島は台湾近くに九州を北にして南に長く伸びる島国として描かれており、それから判断すれば狗奴国は東海から東北南部の勢力（前方後方墳が特徴）であっ

たとみる見解は妥当と考える。。
戦後、狗奴国も邪馬台国連合に参加、後継者の卑弥呼宗女（一族の女）台与《とよ》の西晋への使節派遣、朝貢で魏志倭人伝の記述は終わる。

d　倭大王、倭王朝成立の史実

学説では、3世紀後半、列島に纏向を中心に豪族連合の倭王朝（倭大王）成立とみられており、その象徴として纏向の倭大王を頂点に全国に前方後円墳築造（築造には数年単位の時間と労力がかかる。強固な王権と土木技術が必要）、古墳時代が始まる。初代大王は崇神とみられている。

前方後円墳は奈良纏向近辺の墳丘墓の形、出雲の四隅突出型墳丘墓表面の葺石、吉備の特殊器台、副葬品には北九州の鏡、勾玉、剣など各地の大首長墓の要素を取り込んでおり、倭王朝大豪族連合政権の証左とされる。

書紀には後継の垂仁、景行も纏向に宮を置いたとある（当時は大王交代に伴い遷宮）。

ハ　神武、欠史8代天皇は実在の人物

・倭大王は、3世紀後半、奈良盆地の大和の纏向で豪族連合政権の王として誕生したことは史実とみられている。それを踏まえると、纏向（邪馬台国）の支配者が、倭国大乱を経

て大首長たちに共立された卑弥呼（邪馬台国在住）を政治力、武力で支え、やがて、倭王朝の始祖となったと考えることが妥当ではなかろうか。魏志倭人伝にも男弟が卑弥呼を支えたとの記述がある。

神武は纏向の支配者の始祖、その後の8代天皇はその後継者、崇神が初代倭大王と考えると歴史の流れが実体を伴って理解できる。

・神武、8代の大王（天皇）達はいずれも后妃に纏向の背に聳える三輪山神につながる娘、あるいは、奈良近辺の豪族の娘を后妃していること（記紀）も大王家（天皇家）が地元勢力の証左と考える。

・神話で天孫降臨の地を九州高千穂としたことで、奈良盆地での王朝創始の事実と天孫を結び付けるため神武東征が必要となった。東征は創話と思料する。

また、出雲は日本海に面した水利の地であり、朝鮮半島、北九州、吉備といった当時の先進地域に近く、これらの地域と交流、交易もあり、古代の大勢力であったが、邪馬台国連合（倭大王）の勢力下に入ったことから大国主の国譲りの話が生まれたと思料する。

出雲は倭国大乱には加わらなかったが、その後、狗奴国と邪馬台国連合の戦には狗奴国と結んで戦い、その結果、邪馬台国連合の勢力下とされた。その間に、出雲西部（四隅突出型墳丘墓勢力）から東部への勢力交代があったとの見解もある。

2　神功皇后の新羅征討と応神王朝

神功皇后は、新羅征討（三韓征伐）、応神出産、東征、大和で応神即位まで摂政として治世、書紀には天皇並みの扱いで記述されるが、その実相には幾つもの疑問がある。

イ　神功皇后の新羅征討と大和帰還、応神王朝へ（記紀の記述）

①　倭大王の全国支配確立

・10代崇神　疫病流行対応、武埴康彦《たけはにやすひこ》乱制圧、4道将軍（越、丹波、東海、西海）派遣、出雲制圧。

11代垂仁　狭穂彦《さほひこ》王乱制圧、天照大神を奈良の磯城《しき》から伊勢五十鈴川辺に移転、殉死の代わりに埴輪創作、但馬制圧。

12代景行　自ら熊襲征伐、再び背いたため皇子日本武尊《やまとたける》を制圧に派遣、更に、武尊を蝦夷征討に派遣（帰還後武尊没）。

13代成務　山河を境に国県を分け、国郡に造長《みやつこおさ》、県邑に稲置《いなぎ》設置など地方制度整備。

・記紀は4代（いずれも父子王位継承）で王朝の基礎が築かれたと記述する。

②　神功皇后

・14代仲哀の后が神功皇后（気長足姫《おきながたらしひめ》、父は9代開化の曽孫、仲哀2年に后。新羅王子天日槍《あめのひほこ》（垂仁3年来日（書紀））の子孫ともされる）。

仲哀は日本武尊の皇子であるが、成務に皇子がなかったため大王位継承。

・即位後まもなく熊襲反乱鎮圧のため天皇・皇后は、穴門《あなと》豊浦宮（山口県下関市）、次いで、香椎宮《かしい》（福岡市）に住む。仲哀8年　皇后に「熊襲より先に新羅を討て」と神託、仲哀は聴かず熊襲征討、勝てず。９年２月、仲哀急逝（古事記は神託の場で急死と記述）。

③　神功皇后新羅征討

・神功皇后は仲哀9年3月熊襲制圧。

・同年10月　新羅征討のため鰐浦出発。皇后は身ごもり臨月となっていたが、石を腰に挟み、「遠征が終わって還る日にここで生れて欲しい」と願った。

風の神、波の神の援けで新羅着。新羅では波が国の中まで及び、新羅王は戦慄、降伏、末永く服従、朝貢を誓い、多くの財宝を載せた船を神功の軍船に従わせた。これを見て、高麗（高句麗）、百済も朝貢を誓った。

神功帰還、12月、筑紫で応神を出産。

④　神功皇后大和制圧、摂政に

仲哀10年2月　神功は武内宿祢《たけのうちすくね》（仲哀の大臣、景行の皇子で景行、成務、仲哀、神功、応神、仁徳に仕え３５０歳まで生きたとされる）、武振熊《たけふるくま》（和珥《わに》臣の祖）など群卿百寮を率いて、仲哀の遺骸を奉じて大和へ向かう。大和の忍熊《おしくま》王（仲哀の夫人大中姫の皇子）が応神を皇位に就けようとする神功軍と戦うが、武内宿祢の偽計で敗れ、近江瀬田川で没。

10月　神功は大和帰還、群臣は神功を皇太后と呼び、この年を神功摂政1年とする。

⑤　神功の治世

・神功は即位していないが、書紀には天皇と同列の扱いでその治世が記述される（古事記には神功治世の記述はない）。

・神功2年　仲哀を河内国長野陵（大阪府）に葬る。

3年　誉田別《ほむたわけ》皇子（応神）立太子。

39年　魏志倭人伝によればとして、倭女王（卑弥呼）の大夫難升米《なしめ》、魏明帝に朝貢、43年にも朝貢。

49年～50年　新羅へ派兵（荒田別《あらたわけ》、鹿我別《かがわけ》派遣、百済を助けて新羅と戦）。52年　百済王から御礼として七枝刀《なんさつさやのかたな》（369年にあたる歳の年号入り）など贈られる。

62年　新羅が朝貢せず、新羅に派兵。

66年　倭女王（台与）晋武帝に朝貢。

69年　神功没、百歳。

ロ　神功皇后の新羅征討は史実か、応神王朝成立について

①　書紀の記述への疑問

・繰り返す熊襲反乱・征討は当時の実態として理解できるが、神功の新羅征討は神功への神託によるものとされ、実戦の記述はなく、風神・海神による風水害で新羅は戦わずして降伏、朝貢を誓い、高麗、百済もこれに倣ったとする。史実とみるには疑問が多い。応神の出生譚も創話めいている。

・神功東征、大和の忍熊王を破り、倭王朝の主として摂政となり治世、皇子が即位して応神となるが、この動きは大和王朝簒奪とも解し得る。神武東征と類似する。

・書紀では、神功は69年にわたり摂政として治世と記述されるが、即位していない。何故女帝とならなかったのか。

・仲哀は治世が短く、治世の殆どを北九州付近で過ごしている。また、先代成務に皇子がなく、日本武尊の皇子が即位、仲哀となったとするが、日本武尊の実在は疑問視されてもいる（日本武尊は熊襲、蝦夷討伐の覇者として記紀に記されるが、実態は累代の多くの者の征討活躍を日本武尊という人物を創造、集約したとの見解もある）。こうしたことから仲哀の存在に疑問もあり、それは神功、応神の存在にも及ぶ。

・3世紀に実在とされる卑弥呼、台与が神功として書紀に記述されるが、同時代の人物と

は考えられない（後述）。

②　当時の国内外の情勢

i　当時の倭王朝、倭大王

古墳時代（3世紀後半～6世紀　倭大王出現、全国に前方後円墳築造の時代）を通じて、倭王朝、倭大王は全国の豪族連合政権であった。公地公民、天皇集権（天智、天武時代（7世紀後半）に出来ていく）ではなく、各地豪族が各々勢力範囲の土地、人民を所有、支配していた。

大王家は畿内の大豪族であったが、吉備、出雲、瀬戸内沿岸、東海、中部、関東、北九州に多数の豪族が大王家を頂点としながら存在した。豪族連合の象徴が大王墓を頂点とする前方後円墳であった。

5世紀後半の雄略の時代に大王支配が進み、6世紀の継体の九州磐井の乱平定で大王の全国支配体制が整ったとされる。

熊襲反乱対応とはいえ、とりわけ強力でもない仲哀大王夫妻が即位直後に大和を離れ北九州に10年近く宮を構えたこと、神功の新羅征討、東征は現実性が疑われる。

ii　熊襲、蝦夷について

熊襲、蝦夷は倭大王支配を拒み抵抗勢力として存在、朝廷が征討を繰り返す存在であった。永らく東北、南九州は大和朝廷の力の及ばない地域であり、熊襲の朝廷服従は５世紀頃、蝦夷は平安時代初（９世紀初）に阿弖流為《あてるい》の乱を坂上田村麻呂が平定するまで戦が続いた。熊襲が仲哀、神功時代には大和朝廷に抵抗を続ける存在であったことは事実である。

ⅲ　朝鮮半島、中国情勢と倭国

ａ　中国、半島情勢

・中国は３世紀の後漢滅亡、三国時代以降、５８９年の隋による統一まで乱世が続いた。

・朝鮮半島北部にＢＣ１世紀頃高句麗建国（鴨緑江付近）。半島東南部は馬韓（50余国）、弁韓（12国）辰韓（12国）の小国分立状態にあったが、高句麗強国化により集約の動きが生じ、４世紀中頃、百済（馬韓）、新羅（辰韓）建国、４世紀後半には半島は高句麗、新羅、百済の３国鼎立状態（弁韓は小国分立のまま）となった。４世紀末、高句麗南下、半島情勢緊迫化。新羅は高句麗に接近、百済は倭国と結んで高句麗に対抗、倭国は半島に出兵、高句麗、新羅と戦うこととなる。記紀には、神功新羅征討以降、歴代天皇記に新羅との戦、百済との外交、紛争が記述される。

・４１４年に鴨緑江北岸に建立された好太王碑（広開土王碑　在位３９１～４１２年、高さ６・４メートル、幅１・４～２メートル、１８００余文字）には、高句麗と倭軍との戦と撃退が記される（３９１年　倭が百済、新羅侵攻、４００、４０４、４０７年高句麗・

倭軍戦)。

・中国の宋(420~479年)書には倭の5人の大王が将軍の位を求めて宋に使者を送ったことが記される(高句麗牽制のため朝鮮半島南部の諸軍事将軍叙任を求めた)。最初の遣使の大王讃は応神、仁徳、履中説がある。最後の遣使(478年)の大王武は雄略と解されている。

b　5世紀は日本の文明開化、国際化の時代

半島との往来が頻繁化したことにより、4~5世紀には、半島から人、物が流入、様々な技術伝来、鉄が大量に輸入された。

鉄は武器、農耕具製造に最重要の戦略物資であったが、列島内には鉄資源はなく、朝鮮半島南部(弁韓の伽耶諸国)からの輸入に依存。倭軍の半島出兵は鉄資源確保にあったとされる。鉄製武器、武具は倭王権が生産、配布したとされる。

鉄製農耕具使用により農地の開墾開拓が進展、湿地帯から田畑に変わった大阪平野の重要性が増大する。海に面した河内の経済・外交活動の拠点としての重要度が高まった。

5世紀には馬(体高1メートル30センチほど)が朝鮮半島から列島に導入された(魏志倭人伝には、当時(3世紀)、馬は列島にいなかったと記述される)。倭軍は高句麗戦で馬軍団の実力に遭遇したのであろう。馬使用により倭国の軍事、交通、通信、農耕、荷役に

劇的変化が生じた。馬は牧草の適地東日本で飼育、畿内などに運ばれたとされる。馬具生産も始まる。

製陶技術、思想、学問、カラフルな装身具も輸入される。漢字の音を借りた日本語の表記法が定着する時代でもあった。

４世紀終頃から５世紀は日本の国際化、文明開化の時代と言える。

③　神功、応神についての書紀の記述は何処まで史実か

i　神功はいつ頃の時代の人物とされているか

歴代天皇の在位年数から計算すると、神功は神武即位後８５０年頃から９２０年頃まで摂政であったことになる。神武即位はＢＣ６６０年なので、２世紀末から３世紀中頃に相当、卑弥呼の時代と重なる。（書紀の在位年数計算からは、応神は３世紀から４世紀初、仁徳は４世紀の大王、雄略は５世紀中頃の大王になる。雄略までくれば史実年代に近くなる。）

一方、百済王から神功に贈られたと書紀に記される七枝刀には３６９年に当たる年号が刻まれている。

２つの記述の間に百年ほどの開きがある。これをどう解するべきか。

書紀の編者が女帝ともいうべき神功皇后を創出するため、実在の卑弥呼、台与の存在を

利用したとの見解もある。

（参考）書紀の記す歴代大王の在位年数の推移

歴代大王の在位年数は下記の通りであり、書紀の大王在位が史実年代と重なってくるのは欽明時代（在位５３９～５７０年）である。

神武76年、綏靖33年、安寧38年、懿徳34年、孝昭83年、孝安１０２年、孝霊76年、孝元57年、開化60年、崇神68年、垂仁99年、景行60年、成務60年、仲哀９年、神功69年、応神41年、仁徳87年、履中６年、反正５年、允恭42年、安康３年、雄略23年、清寧５年、顕宗３年、仁賢11年、武烈８年、継体25年、安閑２年、宣化４年、欽明32年。

ⅱ　神功の新羅征討

・神功の新羅制圧は、波が国中に押し寄せたことによる新羅王の降伏、朝貢約束と記述され、実戦の記述は皆無である。記述は史実として疑しい。

４世紀末から５世紀には倭国兵（倭大王軍及至、北九州豪族軍）が朝鮮半島で百済と結んで高句麗、新羅と戦ったことは史実として認められており、神功新羅征討はこうしたことを踏まえた創話と思料する。

・新羅への出陣時には神功は臨月で帰国直後に応神が生まれたと記述されるが、これも新羅征討、応神誕生を印象付ける創話と思料する。

ⅲ　神功東征、応神王朝誕生の諸説

・記紀では、神功東征、大和の忍熊王（実母大中姫は仲哀の従姉妹とされる）を倒して倭王朝の実権を手に入れ、皇子の応神が大王位を継承したとされる。神功東征、王権掌握は神武東征に類似、史実とみるには疑問が多い。

・応神即位については様々な見解がある。

古市古墳群。手前は応神天皇陵古墳
（撮影：大阪府羽曳野市、写真提供：共同通信社）

ａ　九州勢力或いは百済皇子が東征し新王朝を拓いた説、応神は武内宿祢の息子説など（信憑性に乏しい）。

ｂ　４世紀末に瀬戸内海の制海権を握った河内勢力が奈良盆地の崇神系王朝（三輪山王朝）から王権掌握とする見解。誉田別《ほんだわけ》（応神）が新王朝を開き、葛城（応神朝で大王家の最も重要な姻族となる）、和珥、吉備氏などは応神側につき河内に軍事的色彩の強い応神政権が出

現、乃至、河内の新興勢の応神が婚姻関係を結び三輪王朝に入ったと思料する。
応神ではなく仁徳が王朝初代とする見解もある。

八　考察

・仲哀が大王でありながら熊襲討伐のため在位中九州に住んだこと、その死も不自然である。仲哀の実在に疑問がある。

・史実は大和三輪山王朝から河内勢力の応神王朝への変遷があったと思料する。

記紀編纂時に、応神王朝と三輪山王朝の連続を示すため、仲哀熊襲征伐、神功新羅征討、応神誕生、神功東征、神功治世（古事記には神功治世の記述はない）を創話したと考えるべきではなかろうか。

・神功の新羅征討、東征は、7世紀、斉明（天智の実母）が唐・新羅戦のため九州に出征、対陣（そこで没、その後、天智は白村江《はくすきのえ》海戦敗北（661年））と天武皇后持統の壬申の乱の体験をモデルに創られたと見る見解は妥当と思料する。

3　継体天皇考

前節で4世紀末から5世紀初と推測される崇神王朝から応神王朝への王朝交代説を紹介したが、その後、5世紀末から6世紀初に応神王朝から継体王朝への王朝交代があったとみる見解が有力である。そして、継体天皇以降の皇統が今日にまで継続していることは広く認められている。本稿では書紀に記述されることを踏まえつつ、継体王朝成立の史実を考察する。

イ　記紀の記述

応神王朝は応神、仁徳と続き、仁徳の孫の雄略は兄弟や応神朝の重鎮葛城円《まどか》を倒して即位、吉備氏など制圧、新羅との戦、宋への遣使など内外に力を示した（在位23年）。その後、清寧（在位5年）、顕宗（在位3年）、仁賢（在位11年）、武烈（在位8年）と続くが、武烈の後、応神の後裔とされる継体が即位、継体の子の欽明に至り皇位は安定する（欽明の皇女が推古）。

以下、記紀の記述する継体天皇即位の事情を記す。書紀に比べ古事記の記述は極めて簡略である（在位年数は書紀による）。

① 書紀の記述

ⅰ 継体天皇

・継体天皇（彦大尊《ひこふと》）は応神天皇5世の孫、父は彦主人王《ひこうし》（近江国高島郡に住む）、母は振媛《ふるひめ》（垂仁天皇の7世の孫　越前国坂井郡三国の人）。幼年の頃に父王没、母は越前国坂井郡高向郷に帰り、継体を育てた。

・武烈8年　武烈没、跡継ぎがなく、大伴金村大連が継体推戴のため三国に迎えに行く。

2月　河内国交野《かたの》郡葛葉《くずは》で継体即位（継体元年）。大伴金村、物部アラカイを大連、許《こ》勢《せ》男人を大臣とする。

3月　大伴金村の勧めで手白香《てしらか》皇女（仁賢の皇女）を后とする。（男子が生まれ（欽明）、后の子であるが、まだ、幼かったので2人の兄（目子媛《めのこひめ》（尾張連草香の娘、早い時期から継体夫人）の子の安閑、宣化）の後に天下をおさめた。）

同月　天皇は目子媛はじめ8人の妃を召し入れた。

5年10月　山城国綴喜《つづき》、12年3月　山城国乙訓に宮を移し、20年9月　大和国磐余《いわれ》に宮を置く（大和に入るまで即位から20年を要した）。

6年　任那《みまな》4郡を百済へ割譲（大伴大連に百済から賄賂が贈られたとの噂あり）。

21年（527年）近江の毛野臣《けののおみ》に命じ、6万の兵を率いて新羅を討とうとしたが、筑紫国造磐井《いわい》が新羅の賄賂を受けて妨害。磐井は肥前・肥後・豊前・豊後を抑え、高麗（高句麗）・百済・新羅・任那の貢物を運ぶ船を奪い、毛野軍を遮った。継体は物部アラカイ大連を征討将軍に任じ、22年11月　両軍激戦、磐井を斬り、鎮圧。12月　磐井の息子の葛《く》子《ず》、糟屋《かすや》の屯倉献上、死罪を免れることを請うた。

23年3月　毛野臣を安羅（任那）に使として派遣、4月　任那と新羅を和解させるよう命じたが、任、果たせず。9月　巨勢男人大臣没。

24年　毛野臣を召喚、応ぜず、対馬で病死。

25年（531年）2月　継体没（82歳）。和風諡号は男大亦《おおど》天皇。

「ある本では28年崩御とする」、「百済本記には、聞くところによると、25年に日本の天皇及び皇太子、皇子皆死んだとある」と追記。

ⅱ　安閑天皇

継体25年2月　即位（安閑元年）。大伴金村、物部アラカイを大連とする。3月　春日山田皇女（仁賢の娘）を后とする。武蔵国造の争を調停。

2年　各地に屯倉を置く。同年12月　没（70歳）。和風諡号　広国押武金日《ひろくにおしたけかなひ》天皇。

ⅲ　宣化天皇

1月　同母弟の宣化即位（宣化元年）。

2月　大伴金村、物部アラカイを大連、蘇我稲目を大臣とする。
3月　橘仲皇女《たちばなのなかつひめみこ》（仁賢の娘）を后（長女石姫《いわひめ》を生む）とする。5月　屯倉整備、
7月　物部アラカイ没。
2年　任那、百済を新羅から救う。
4年2月　没（73歳）。和風諡号　武小広国押盾《たけおひろくにおしたて》天皇。

iv　欽明天皇

宣化崩御後、山田皇后（安閑の后）が政務に明るく慣れているとして政務をゆだねる。
12月　欽明即位（欽明元年）。大伴金村、物部尾興を大連、蘇我稲目を大臣に任じる。
后は石姫（宣化の娘　敏達の母）、大伴金村が任那4県割譲がらみの賄賂の件で隠棲。
2年3月　5人の妃を入れる（稲目の娘の堅塩媛《きたしひめ》（7男6女の母（用明、推古の母））、
同母妹の小姉君《こあねきみ》（4男1女の母（用明后（厩度皇子（聖徳太子）の母）、崇峻の母）））。
13年（538年）　仏教伝来、蘇我受入れ、物部反対。
23年　新羅により任那滅亡。以降、任那再興が歴代天皇の課題となる。
32年　没、年若干と記述。和風諡号　天国排開広庭天皇《あめくにおしはらきひろにわのすめらみこと》。

②　古事記の記述

古事記の4代の天皇の記述は極めて簡潔、簡略である。

・継体については磐余で天下を治めたとあるのみで、推戴の経緯、大和に入るまでの遷都の記述はなく、安閑、宣化、欽明はじめ19人の御子があったとだけ記される。石井の乱については、物部アラカイ、大伴金村を派遣して石井を殺したとのみ記述。
・安閑は御子がなかったこと、宣化は5人の御子があったことなど数行記すのみ。欽明についても皇妃と25人の御子があり、そのうち4人が天下を治めたことのみが記される。

ロ　継体天皇の書紀の記述への疑問

書紀の記述にはいくつかの疑問を感じる。
・継体は応神天皇5世の孫とされるが、応神からはかなり遠い縁戚、血筋であること。
・大和王朝の重臣大伴金村に迎えられながら、王朝の本拠地である大和に宮を構えるまで20年を要したこと。
・仁賢の手白香皇女を后とした理由（安閑、宣化も仁賢の皇女を后としている）。
・没年を巡り書紀は異説ありと述べており、何らかの皇位継承争いがあったことが推測されること。
・雄略没後、清寧（雄略の皇子）は生まれながらの白髪、子なし、在位5年、後継者不在となる処であったが、雄略に殺された市辺押磐《いちのへおしは》皇子の子の弘計《をけ》（顕宗）、億計《おけ》（仁賢）が偶然見いだされて即位（記紀）、次の武烈（仁賢の皇子）は中国史書に登場する滅亡王朝の最後の王に酷似した悪逆無道の天皇として記述される（書紀）。雄略後の4代、清寧の存在感の薄さ、顕宗、仁賢の即位の経緯、武烈の無道の行為の記述は、史実として疑問を感じる。

ハ　継体王朝についての考察

応神王朝から継体王朝へ王朝交代があったとする学説は有力である。

筆者は前記の問題意識並びに諸学説を踏まえ、継体即位と磐井の乱について次のように考える。

ｉ　専制大王雄略没後、国内は大王後継が決まらず混乱状態となった。「清寧は雄略の皇子、子なし」は記紀の記す通りとしても、顕宗、仁賢、武烈の承継は史実でなかったのではないかと思料する。

・継体は越前（母の国）、近江（父の国）、尾張（妃の目子媛の国）、山城（大和の前に宮を置いた地）など枢要の地を地盤とし、琵琶湖水運、半島貿易（越にいた頃から百済と交流関係にあったのではないか）通じた勢力で、早くから馬の重要性に気づき河内の馬飼の集団とも連携していた。

雄略没後の混乱の中で継体は大伴、物部氏を味方とし、勢力伸長に伴い、20年で大和を抑え、磐余に宮を営み、雄略没後続いた混乱を収束した。応神5世の孫を公称（事実でない可能性もある）、前王朝の皇女（仁賢が実在しないとしても、いずれかの皇女）を后として権威を整えたのではないかと思料する。

ⅱ　九州磐井の乱は、継体の全国制覇の最後の重要な戦であった。

磐井氏は筑紫地域の首長で列島に残った最後の地域の王、拠点は筑紫御井《みい》郡高良山《こうらさん》あたり、玄界灘に臨んだ糟屋に海の拠点を持っていた。継体は新羅に奪われた加羅の一部を取り戻すため、近江の豪族毛野臣に大軍を率い朝鮮半島南部に渡らせようとしたが、磐井は新羅と組んでこれを遮った。継体は物部アラカイを将に任じ、継体22年　両者決戦、磐井は斬られた（筑紫国風土記では豊前国上膳県《かみけつあがた》に逃れ、南の山の峻しい峯の曲《くに》に終わると記される）。磐井の墓は八女《やめ》市にある。石人、石楯を周囲に配した前方後円墳（墳長132m）で、その威勢を示している。

磐井を滅ぼすことで継体の全国覇権がなった重要な戦であったと思料する。

磐井をはじめとする九州の大豪族は、それまで半島と独自にも外交、交易を行っていたが、磐井の乱後、外交は倭大王に一元化、倭大王の地方支配力は強化され、屯倉《みやけ》（大王の直接支配する地）の拡大、整備　国造《くにのみやつこ》制（倭大王の行政組織）確立につながっていった。

二　継体崩御、後継争について

・継体没年は継体25年でなく、28年とも書紀に記述されるが、史実不明。

・書記は百済本記には「聞くところによると、継体25年、天皇、皇太子、皇子皆死す」と記す。書紀本文とこの記述を巡りいくつかの見解がある。

i　継体崩御直後、後継争いが安閑・宣化（尾張目子妃の子）と欽明（白手香后との嫡子）の間に起こり、安閑、宣化（皇太子、皇子に相当）は敗れ、死去との見解（安閑、宣化の即位はなかったことになる）。

ii　記紀の安閑・宣化6年治世の記述から、欽明も安閑と同時に即位して両陣営の争は6年間続いた後、欽明勝利で収束したとの見解。

iii　「皇太子、皇子」とは安閑とその皇子で、継体崩御後、皇太子安閑とその皇子を宣化と欽明が攻め滅ぼし、宣化、次に欽明と即位したとの見解。

安閑、宣化、欽明の皇位継承は記紀記述の通りなのか、安閑・宣化と欽明の対立抗争があったのか、あるいは、3人が別の組み合わせで結びつき争ったのか、いずれが史実かは不明であるが、継体王朝は最終的には欽明で落ち着き、安定、権威確立、古代天皇国家の盛期を迎える。

欽明の和風諡号も天国排開広庭天皇と創始者的なものとなっている。

4　古代女帝の時代はなぜ生まれたか

6世紀末から8世紀中頃までの１８０年程の間に8代、6人の女帝が生まれた。皇統は男系男子継承が原則であり、これほど多数の女帝が一時期に集中して出現したことはない。推古（蘇我系）、皇極・斉明（非蘇我系）、持統、元明、元正（天智、蘇我系）、孝謙・称徳（天武・藤原系）天皇である。

この時代以降の女帝は江戸時代の１０９代明正、１１６代後桜町のみである。女帝はいずれも男系女帝であり、女系天皇（母親のみが天皇の血筋）はこれまで存在しない。

上記の古代女帝の出現が、この時代に集中したのは、それぞれ事情があった。本稿で各女帝の即位に関わる史実を明らかにしていきたい。

イ　推古女帝

①推古の出自

推古は実在の確認できる最初の女帝である。

欽明天皇の皇女、幼名額田部《ぬかたべ》皇女、母は蘇我稲目の娘の堅塩媛《きたしひめ》。敏達天皇（欽明の第2子（母は宣化天皇皇女の石姫皇后、在位14年）の皇后を経て（敏達没時は34歳）、39歳で即位（593年）。敏達没後、即位まで前皇后として大后《おおきさき》と尊称された。政治上、存在感あったとみられる。

書紀には「容色端正で立居ふるまいにもあやまちがなかった」と記される。

なお、敏達と推古は欽明の異母兄妹、当時の天皇家には近親婚が多い。それが天皇家の良き血統を守るものと考えられていたとされる。

② 即位の事情

・推古は、欽明皇子の敏達（推古の夫）、用明（欽明第4皇子、母は堅塩媛、推古の同母兄、厩戸（聖徳太子）は用明の皇子、在位2年、病没）、崇峻（欽明の第12子、母は蘇我稲目の娘の小姉君、在位5年、暗殺された）の後に即位。欽明次世代最後の天皇であった。当時の天皇即位適齢は40歳前後と認識され（天皇は統治者で統治のための経験知識が必須とされたのであろう）、兄弟継承が多い。推古即位には次世代の皇子は若年であった事情もある。

推古の時代の大和朝廷は豪族連合政権で、天皇即位は豪族の推戴合意に依ったが、当時は蘇我馬子（稲目の子）最盛期で、馬子の意向が支配的であった（欽明の妃は稲目の娘、その子女は馬子の血族）。推古の即位も馬子の意向があったであろう。

（蘇我氏は、馬子の父の稲目が初めて宣化、欽明の大臣となり、欽明時代に大伴金村大《おお》連《むらじ》失脚、物部氏と仏教を巡り対立、馬子は欽明末以降推古まで大臣、用明没直後に大連物部守屋を滅ぼし、推古時代に全盛期を迎えている。）

③　推古の治世

推古時代は推古、聖徳太子、蘇我馬子が権力中枢形成、治世36年。

新羅派兵、遣隋使派遣、屯倉《みやけ》・部民（天皇直轄地、直轄民）拡大、冠位12階制定（徳仁礼信義智の各々に大小で12階（色で表示）制定、豪族の官僚化・人材登用が目的とされる）、17条憲法制定（「和を以て貴しとなす、篤く三宝（仏法僧）を敬え」など、律令国家への魁ともみられる）、天皇記・国記編纂などの事績が書紀に記される。

推古時代は古代倭王朝の完成期、最盛期、大国隋の勃興で隋の制度・文化に学ぶ流れ（中央集権化の流れ）が始まった。古墳築造は推古時代には終焉する。

推古29年　聖徳太子没（49歳）、33年　馬子没（80余歳）、36年（６２９年）　推古没（75歳）

④　推古の後

推古後継候補は、推古の嫡男竹田皇子が若死にしたため、敏達の孫の田村皇子、聖徳太子の皇子の山背大兄皇子であった。推古は田村後継を示唆したが、指名しないまま亡くなり、蘇我蝦夷（馬子の子）の推戴で田村が即位、舒明天皇となった。

推古は皇后を経て、即位適齢期、同年代で最適の人物として即位、在位36年、馬子が勢威があったとはいえ、天皇として力を持った存在であったと思料する。

ロ　皇極、斉明女帝

舒明没（641年　49歳）、蘇我蝦夷《えみし》の推戴で舒明の后の宝皇后（敏達の曽孫、天智・間《はし》人《ひと》皇女（孝徳后）・天武の実母）が即位して皇極天皇（642年）、乙巳の変（645年）で譲位。弟の孝謙が継ぐ。孝謙は中大兄に背かれ、孝謙没（654年　59歳）後、中大兄の推戴で皇極が重祚して斉明天皇となった（655年）。

①皇極女帝

・舒明没、後継候補には、舒明の皇子の古人大兄《ふるひとおおえ》（母は蘇我系）と中大兄《なかのおおえ》（母は宝皇后、非蘇我系）、山背大兄《やましろのおおえ》皇子（厩戸皇子（聖徳太子）の子、母は蘇我系）があったが、実力者蘇我蝦夷は、蘇我宗家との関係、年齢（古人、中大兄は若年）、本人の資質（山背は前回も推されず）などから、つなぎの天皇として舒明后宝皇女を推戴、即位、皇極天皇となった。

・蘇我蝦夷、嫡系入鹿（勢は父より強いとされる—書紀）が執政。

643年　入鹿は山背大兄皇子邸襲撃、山背自害、斑鳩宮焼尽。

②　乙巳の変、大化の改新―孝徳天皇

i　乙巳の変、大化の改新

・645年6月　中大兄皇子、中臣鎌足等による乙巳の変で蝦夷、入鹿滅亡。皇極が政変に積極的に関わった記述はない。

皇極譲位、「軽王子即位が順当」と中大兄が皇極に奏上（中臣鎌足が中大兄に進言）、軽皇子が即位して孝徳天皇、中大兄は皇太子となったと書紀に記される。

・同年（大化1年）古人大兄没（中大兄の策による殺害ともされる）。難波遷都。

646年　大化の改新詔（公地公民、戸籍作成、班田制など、詔は後年の作との見解もある）。

653年　中大兄、孝徳に離反、大和へ移る。

ii　乙巳の変の背景

・書紀では蘇我宗家専横を憎み、また、隋唐の政治制度導入の改革を狙った中大兄、中臣鎌足等が乙巳の変の首謀者、中大兄の推戴で孝徳即位、大化の改新実施とされる。

・一方、次のような見解もある。軽皇子（孝徳）は次の皇位を狙っていた。中大兄は孝徳を皇位推戴したが、孝徳の公地公民などの中央集権政策に積極的に賛同してはいなかった

（白村江の敗北後に中央集権的律令国家の必要痛感、政策転換）、また、対唐、朝鮮半島（新羅）外交も、孝徳の唐外交重視に対し、中大兄は旧来通り百済肩入れ派であった。

蘇我入鹿は優秀な国際感覚のある人物で、入唐経験のある南渕請安に学び（中大兄も同じ）、唐の力を認めた対唐外交、難波遷都、高句麗型の国政改革により大臣への権力集中を図り、古人大兄を擁立し国政の全権掌握を考えていた。他方、蘇我宗家と分家の格差拡大、蘇我一族内で蝦夷・入鹿の宗家支配への反発が高まっていた。蘇我倉山田石川麻呂が宗家に反発、中大兄側に与したことで乙巳の変は成った。乙巳の変の影の主役は軽皇子と石川麻呂とみる。

③　斉明女帝

654年　孝徳没（59歳）、655年　中大兄の推戴で母の皇極が重祚して斉明天皇。政治の実権は中大兄が握った。

中大兄の斉明推戴は、朝廷内で孝徳勢力との対立があり、斉明を立てて隠れ蓑にした、あるいは、乙巳の変での皇極譲位はおかしいと考えており、重祚は事態を元に復したものとの認識であったとの見解がある。

斉明は、建築、土木工事を好み、人々に誇られたと書紀は記す、

658年　有馬皇子の変（孝徳皇子謀殺）。

661年　中大兄、斉明は、新羅、唐との戦を控え九州朝倉へ（百済支援）。
同年　斉明は朝倉で病没（68歳）。中大兄称制（即位せずに政権運営）。
663年　白村江の海戦で日本軍惨敗、百済滅亡。

④　中大兄即位—天智天皇

しばらくの称制の後、668年　中大兄皇子即位して天智天皇。

671年　天智没（58歳）。

天智の娘の大田、鵜野《うの》皇女（実母は共に遠智娘《おちのいらつめ》妃（蘇我石川麻呂の娘））は天武に嫁し、阿閉皇女（母は姪娘《めいのいらつめ》妃（遠智娘の妹））は天武の皇子草壁に嫁している。天智と天武の関係が微妙であったことが推察される。


皇極、斉明は当然に天皇になるべき存在であったわけではなく、蘇我蝦夷、中大兄の事情により、つなぎの天皇として即位した。

治世の事績も、蝦夷・入鹿や中大兄によるものが多と思料する。

八　持統女帝

持統は天智の皇女、天武の皇后となり、天武没後、嫡男草壁病没、自らが即位、直系の孫の文武即位を実現して没した。

持統（645～702年）は天智の皇女鵜野讃良《うののさららめ》、母は蘇我石川麻呂の娘の遠智娘。13歳で大海皇子（天武）の妃。

①　持統の出自

671年9月、天智発病、実弟大海《おおあま》皇子（天武）に天智は「後事を任せたい」としたが謝絶、「出家、仏道修行したい」と吉野へ隠棲。

同年12月　天智病没（46歳）、天智の嫡男大友が承継（若年、直系承継）。

②　壬申の乱、天武即位

672年6～7月　壬申の乱、大海が天智後継の大友皇子（敗死）に勝利（大海の長子高市《たけち》皇子（19歳）が軍事指揮）。

9月　飛鳥浄御原宮で大海即位して天武天皇。鵜野は后に。鵜野は大海の吉野隠棲、壬申の乱時も同行と書紀は記す。

天武朝は天武親政、持統皇后は輔政者であった。天武は「直情径行」、持統は「深沈にして大度あり」と書紀は記す。

③　天武後継について

天武後継有力者は、天武と持統の皇子草壁、実姉大田（若死）と天武の皇子大津であった（高市皇子は長子であるが母の身分が低かった）。草壁は病弱、天武は大津の才を評価していたとされる。

天武後継を草壁に確定したい持統は、天武８年５月　吉野で天武、持統の前に皇子達（草壁19歳、大津18歳、高市26歳など）を集め、草壁はじめ皇子達は「同母であろうとなかろうと助け合って皇位継承争しない」旨の「吉野の誓」（事実上、草壁が天武後継筆頭であることを確認した）。

天武10年　草壁立太子。

④ 天武没、持統即位

６８６年（天武15年、朱鳥１年）９月　天武没。

没直後、持統は大津皇子（草壁即位の競争者）を謀反の罪で処刑。

草壁（妻は天智の娘の阿閉《あへ》皇女（母は蘇我石川麻呂の娘の姪娘、持統の異母妹））が病のため持統称制。

６８９年４月　草壁病没。

⑤ 持統から文武へ

６９０年１月　持統即位。

６９４年　藤原宮遷都、６９６年　太政大臣高市皇子没（持統による毒殺との見解もある）。

６９７年　持統は草壁の子の軽皇子（15歳　持統の直系の孫）に譲位、即位して文武天皇。

軽皇子は若年、当時、草壁の兄弟（天武の皇子で兄弟相続可能な存在）は７人いたが、持統は草壁の兄弟相続を退け、天武直系の孫（軽）の即位を強行した。大友の王子葛野王《かどの》が「兄弟相承すれば乱になる、子孫承継が国の法」と主張したとされる（懐風藻）。

また、神話の天孫降臨は、祖母（天照大神）から孫（瓊瓊杵尊）への承継で、持統、文武の関係を補強する創話ともされる。

持統は、文武即位後、太上天皇として文武を後見、治世を助けた。

７０１年　大宝律令完成、７０２年10月　諸国に律令頒布。

同年12月　持統病没（58歳）。

持統は嫡男草壁に皇位を継承させるべく万全を期し、姉の子の大津皇子まで謀殺したが、草壁は病没、やむなく即位、草壁嫡男の文武即位を実現して没した。

若年直系即位（文武即位）は兄弟承継の従来の慣行を破るものであったが、以降、年齢不問、直系相続が基本となった。

二　元明、元正女帝

697年　持統の力で15歳で即位した文武も短命であった（707年没、25歳）。

701年　文武と藤原宮子（不比等の娘）との間に首皇子《おびと》（聖武天皇）誕生、天武直系の首皇子の即位が持統一族の宿願となった。

首皇子即位実現のため、草薙の妻、次いで、娘即位、聖武へつないだ。

①　元明女帝

・707年4月　草壁没日を国忌《はて》に加え、草壁を天皇並みの扱いとし、草壁の妻、文武の母である阿閇皇女を皇后並みの存在とした（藤原不比等の策とされる）。

6月　文武病没（25歳）。

7月　阿閇皇女即位して元明天皇（47歳）。

元明は「文武の遺詔により政務をとる」旨を述べ、即位の宣命には「文武の即位、統治は天智天皇の定めた不改常典《あらたむまじきつねののり》による。その文武の遺詔により即位」とした。不改常典は、「直系皇位承継が正統、兄弟承継否定」と解されている。

708年　和銅開珍（当初は銀銭、銅銭へ）鋳造、使用、710年　平城遷都、712

年　古事記完成。
714年　首皇子、立太子。

② 元正女帝

・715年　元明女帝（55歳）は氷高内親王（草壁と元明の娘）に譲位、即位して元正天皇（36歳、聖武へのつなぎとして即位、独身を保つ）。
716年　首皇太子の妃に安宿媛《あすかべ》（藤原不比等と橘美千代の娘、首皇太子と同年）。
720年　日本書紀完成。
同年8月　藤原不比等没（63歳）、太政大臣、正1位を贈られる。
721年　元明没（61歳）。
723年　三世一身法施行（田地開発者には3代目まで開墾地私有を許す、公地公民制度に穴）。
724年　元正女帝、首皇子に譲位、即位して聖武天皇。
元正は太上天皇に（748年没、69歳）。

③ 藤原不比等

不比等（659〜720年）は、持統、文武、元明、元正時代を通じて持統系の天皇を支えた。

・中臣（藤原）鎌足の次男。11歳で父鎌足没、14歳で壬申の乱遭遇、21歳で官人として出仕、草壁の４歳年上、持統の信頼を得、文武を輔弼、７０１年　大納言。元明、元正の右大臣。
・持統直系の即位に尽力（草壁没日を国忌とするなど）、平城遷都、大宝律令・養老律令の編纂に関与（これにより不比等の子孫は律令に精通、藤原氏躍進の原動力となった）、記紀の編纂に関与。
・娘の宮子を文武夫人とし聖武誕生（天皇の外祖父となる）。
橘三千代（持統から元正まで内命婦《うちのみょうぶ》）との間に生まれた安宿媛は聖武后となる。

武智麻呂（南家）、房前《ふささき》（北家）、宇合《うまかい》（式家）、麻呂（京家）の４人の不比等の子息は聖武時代初期に朝廷で要職を占めたが、天然痘流行で４人とも病没。しかし、その子孫はやがて朝廷を牛耳る勢力に成長する。

ホ　孝謙、称徳女帝

孝謙は聖武天皇（首皇子、文武の皇子）と光明皇后（安宿媛、藤原不比等の娘）の皇女。聖武後継として即位して孝謙、１度退くが、重祚して称徳となった（７１８～７７０年）。

① 孝謙立太子まで―聖武の治世

716年　安宿媛、首皇子夫人となる。

718年　阿倍内親王（孝謙）誕生（母は安宿媛）。

724年　首皇子即位して聖武天皇。

727年　嫡男 基《もとい》皇子誕生（母は安宿媛）、直ちに立太子、翌年夭折。

その後、2人には男子が生まれなかった。

728年　県犬養広刀自《あがたいぬかいひろとじ》と聖武の間に安積《あさか》皇子誕生（他に、井上内親王（光仁の后）、不破内親王誕生）。

729年　左大臣長屋王滅亡、光明（安宿媛）は后に。

735～737年　天然痘流行、大勢死亡（藤原不比等の子の4兄弟も病没）。

738年　阿倍内親王立太子（女性初の皇太子）、橘諸兄（諸兄）右大臣に（孝謙時代に衰亡）。

740年　太宰少弐藤原広嗣（宇合嫡男）の乱。

聖武の遷都、彷徨5年（740年から5年間）。

聖武は仏教傾倒（国分寺、国分尼寺建立、盧舎那仏建造開始など）。

744年　安積皇子没（17歳　藤原仲麻呂（武智麻呂の第2子）による毒殺説あり）。

②　孝謙天皇

７４９年　聖武天皇、阿部皇太子に譲位して太上天皇、阿倍が即位して孝謙天皇（32歳、独身）。

光明は紫微《しび》中台《ちゅうだい》設置（皇太后直属の役所）、藤原仲麻呂を長官とし、孝謙を支える体制整備。仲麻呂の勢力伸張。

７５４年　唐僧鑑真来日。聖武授戒。

７５６年　聖武病没（56歳）。

７５７年３月　孝謙と仲麻呂は、聖武が後継に決めた道祖王《ふなどおう》（新田部《にいたべ》親王天武の皇子）の子）を退け、大炊王《おおいおう》（舎人《とねり》親王（天武の皇子）の第７子）立太子。

５月　養老律令施行。

７月　橘奈良麻呂の変—孝謙女帝即位、仲麻呂専横への不満からクーデター企画するも事前に漏洩、関係者多数死罪。

７５８年　大炊王即して淳仁天皇、孝謙は太上天皇に。

③　孝謙太上天皇から称徳天皇へ

７６０年　光明皇后没（60歳）。仲麻呂は後ろ盾を失う。

７６２年６月　孝謙太上天皇が淳仁体制に不満、「自ら国家の大事を決する」とする。

764年9月　恵美押勝（藤原仲麻呂）の乱。吉備真備が活躍、押勝敗死。孝謙は淳仁を廃帝（淡路島へ幽閉、同地で没（33歳））、重祚して称徳天皇。称徳は僧道鏡に傾倒（761年に孝謙の病を治療したことから）、太政大臣、法王に任じ、道鏡への譲位まで考えるが実現せず（宇佐八幡神託事件（769年）で挫折　和気清麻呂活躍）。

770年　後継を決めずに没（53歳）。左大臣藤原永手（不比等の子の房前（房前）の次男）等により白壁王（大納言在任、62歳、施基《しき》皇子（天智の皇子）の第6子）が即位して光仁天皇（天皇は天武系から天智系へ）。次代は桓武天皇の平安時代となる。

聖武は国家鎮護の法として仏教を信奉、孝謙・称徳（道鏡尊崇）もそれに倣った。この時代の天皇は権威と力があった。藤原4兄弟や仲麻呂が力を振るう時期もあったが、天皇に抗することはできなかった。孝謙、称徳も女帝であることが天皇の力を削ぐことはなかった。但し、称徳の道鏡への譲位は、皇位を天皇家以外の人物に譲るもので臣下に阻止されている。

へ　古代女帝の時代とは

①　女帝即位の背景

女帝がこの時代に続出したのは、それぞれに事情があった。

ⅰ　推古、皇極即位は、有力な適齢男子皇統継承者の存否、並びに、継承者推戴に力のあった蘇我宗家との関係が重要な要素であった。

ⅱ　斉明重祚は実権を掌握した中大兄の事情による。

ⅲ　持統即位は、嫡男草壁が早世し嫡孫文武（嫡男草壁の遺児）に皇位をつなぐため、元明、元正即位は天武直系の聖武（草壁の孫）に皇位をつなぐためであった。そのため、兄弟相続の慣行を排し、即位適齢如何を問わず直系相続が是との論理を強行している。

ⅳ　孝謙は聖武と后光明の男子継承者がいなかったための即位、称徳重祚は仲麻呂専横への怒り、女帝が先手をうち勝利したことによる。自らには子がなく、道鏡後継を望んだが無理筋で挫折（吉備真備などの朝廷良識派による）、後継者を定めぬまま没した。

②　女帝の治世

・女帝の治世をみると、推古は聖徳太子、馬子の3首脳で政治を主導したとみられる。皇極、斉明は巫女の才能（雨乞い）があったと推量される。実際の政治では蘇我宗家、中大兄が力を振るったであろう。

持統は高市皇子（太政大臣）、藤原不比等などを用い、自らの意図を実現している。元明、元正は不比等の支えで治世。

孝謙、称徳は、聖武、聖武没後は光明の支えがあったが、光明没、藤原仲麻呂を倒してからは道鏡にのめりこんだ専制君主であったと思われる。

③　女帝多出の因、女帝の条件

i　天武直系の草壁、文武はいずれも病弱、若死にで子が少なかったこと、聖武も子が少なかったことに女帝輩出の因がある。

ii　即位した女帝はいずれも皇女（皇極はやや遠い）で、皇后経験者が多い。皇后経験のない元正、孝謙（称徳）の2女帝は生涯独身であった。

④　その後の女帝は2人

この時代以降、女帝は江戸時代の明正、後桜町の2女帝しか生まれていない。いずれも即位は複雑な事情によるものであった。

・109代明正（1624～1696年、在位1629～1643年）は後水尾天皇の第2皇女、後水尾譲位により即位、母は徳川秀忠の娘の和子。後水尾天皇は幕府と不仲、明正女帝在位中も太上天皇として実権を握っていた。

・117代後桜町（1740～1813年、在位1762～1773年）は桜町天皇の皇女、母は関白左大臣二条吉忠の娘。朝廷内の皇位継承争の中での生涯であった。

女帝は古代を除けが稀な存在であり、古代においてもそれぞれの事情に基づく特例的即位であった。今日、天皇家の方々の数が少なく、将来、皇室典範に定める男系男子承継が困難な場合が起こることもあり得よう。国民が天皇家を尊崇、憲法に定める国民の象徴として天皇制を維持しようとするのであれば（現状はそう言える状況にあると思う）、宮家の拡大、女性天皇（女系天皇を含めて）を含めて幅広く議論、天皇後嗣につき国民的合意を得ておくことが必要である。即位される方が、天皇としての資質を備えていること、後嗣育成環境、後嗣としての教育は大切であり、そうした点も含めた議論が必要であろう。

あとがき

本書では、現代史から見える幾つかのこと、武士政権が語ること、古代天皇の実相を取り上げた。「歴史は繰り返す」、「賢者は歴史に学ぶ」と言われる。歴史は、我々の現在、そして、未来を考えるヒントを提供してくれると思う。

20世紀には、2つの世界大戦はあったが、技術革新を基とした経済成長、植民地解放と多くの独立国の誕生、グローバル社会、豊かな人類社会を実現した。迎えた21世紀は、文中に記述の通り、多事多難、見通しが難しい世界となっている。

未来を予測することは難しいが、歴史には、時代の流れ（時勢）、それに伴う盛衰、その中で如何に対処すべきかのヒントが潜んでいると思う。「歴史は語る」、従って、「歴史に学ぶ」ことは大切と思う。

本書の編集、刊行にご協力いただいた大蔵財務協会の方々に心から御礼申し上げる。

令和7年3月17日　記

古代天皇系図

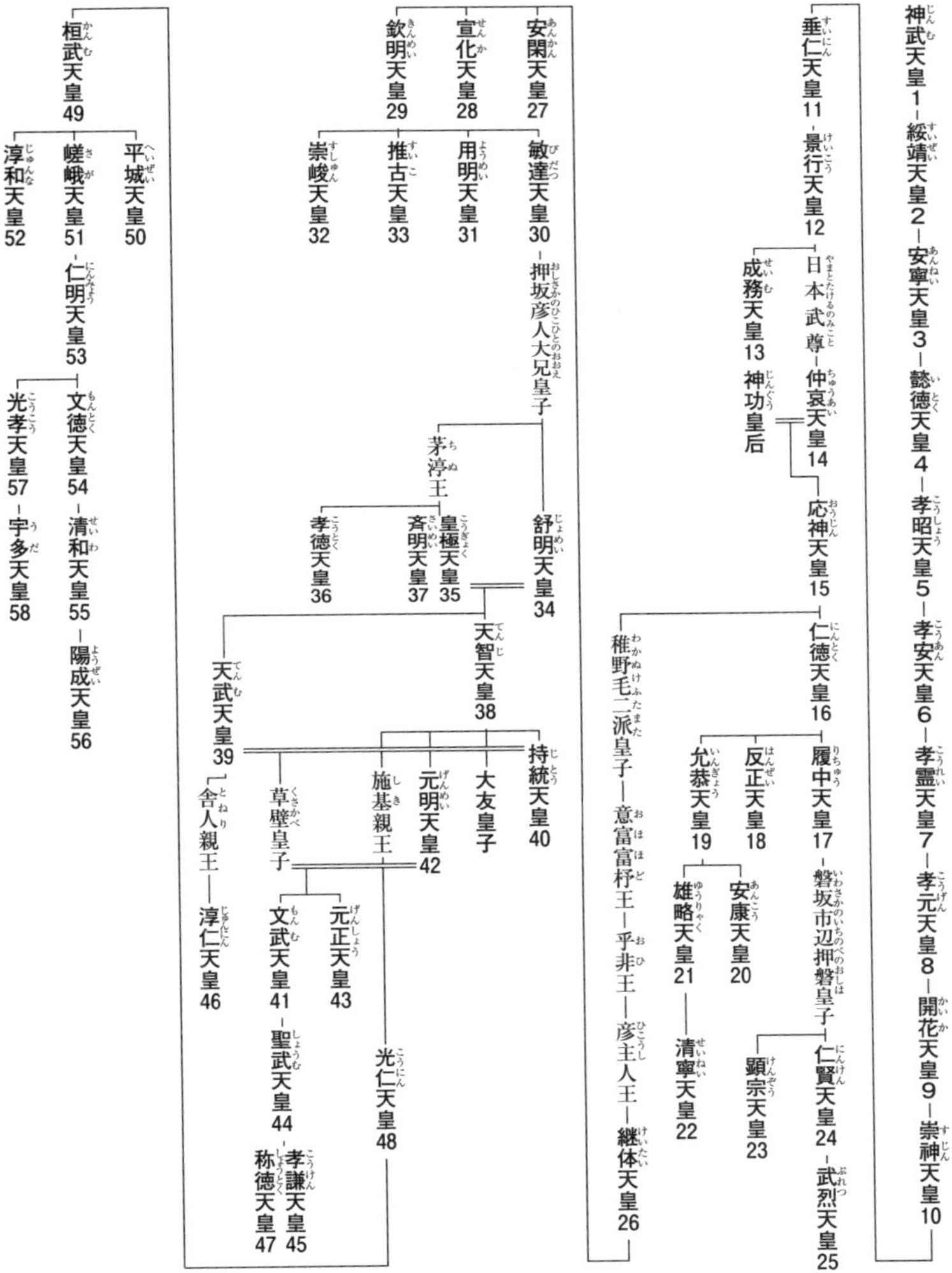
神武《じんむ》天皇1
綏靖《すいぜい》天皇2
安寧《あんねい》天皇3
懿徳《いとく》天皇4
孝昭《こうしょう》天皇5
孝安《こうあん》天皇6
孝霊《こうれい》天皇7
孝元《こうげん》天皇8
開花《かいか》天皇9
崇神《すじん》天皇10
垂仁《すいにん》天皇11
景行《けいこう》天皇12
日本武尊《やまとたけるのみこと》
成務《せいむ》天皇13
仲哀《ちゅうあい》天皇14
神功《じんぐう》皇后
応神《おうじん》天皇15
仁徳《にんとく》天皇16
稚野毛二派《わかぬけふたまた》皇子
履中《りちゅう》天皇17
反正《はんぜい》天皇18
允恭《いんぎょう》天皇19
安康《あんこう》天皇20
雄略《ゆうりゃく》天皇21
清寧《せいねい》天皇22
磐坂市辺押磐《いわさかのいちのべのおしは》皇子
顕宗《けんぞう》天皇23
仁賢《にんけん》天皇24
武烈《ぶれつ》天皇25
意富富杼《おほほど》王
乎非《おひ》王
彦主人《ひこうし》王
継体《けいたい》天皇26
安閑《あんかん》天皇27
宣化《せんか》天皇28
欽明《きんめい》天皇29
敏達《びだつ》天皇30
用明《ようめい》天皇31
崇峻《すしゅん》天皇32
推古《すいこ》天皇33
押坂彦人大兄《おしさかのひこひとのおおえ》皇子
茅渟《ちぬ》王
舒明《じょめい》天皇34
皇極《こうぎょく》天皇35
孝徳《こうとく》天皇36
斉明《さいめい》天皇37
天智《てんじ》天皇38
天武《てんむ》天皇39
持統《じとう》天皇40
大友皇子
元明《げんめい》天皇42
施基《しき》親王
草壁《くさかべ》皇子
舎人《とねり》親王
文武《もんむ》天皇41
元正《げんしょう》天皇43
聖武《しょうむ》天皇44
孝謙《こうけん》天皇45
称徳《しょうとく》天皇47
淳仁《じゅんにん》天皇46
光仁《こうにん》天皇48
桓武《かんむ》天皇49
平城《へいぜい》天皇50
嵯峨《さが》天皇51
淳和《じゅんな》天皇52
仁明《にんみょう》天皇53
文徳《もんとく》天皇54
清和《せいわ》天皇55
陽成《ようぜい》天皇56
光孝《こうこう》天皇57
宇多《うだ》天皇58

参考文献

文字なき古代の列島史　和邦夫著　大蔵財務協会
倭古代国家の黎明　同右　同右
頼朝と尊氏　同右　同右
戦国乱世と天下布武　同右　同右
幕末明治激動の25年　同右　同右
太平洋戦争と日本の命運　同右　同右
現代史考　石坂匡身著　同右
人新世の地球環境と農業　石坂匡身・大串和紀・中道宏著　農文協
日本は食糧危機にどう備えるか　同右　同右
今、財政を考える　石坂匡身著　大蔵財務協会
日本書紀　宇治谷孟　講談社学術文庫
続日本紀　同右　同右
古事記　次田真幸　同右
魏志倭人伝　石原道博　岩波文庫

石坂 匡身

（いしざか・まさみ）


1939年、東京都生まれ。

1963年、東京大学法学部卒業、同年大蔵省入省、1994年まで同省勤務、同省主計局主査、調査課長、大臣秘書官、主税局審議官、理財局長などを務める。1995～6年環境事務次官。現在、一般財団法人大蔵財務協会顧問。

主な著書『倭 古代国家の黎明』『戦国乱世と天下布武』『頼朝と尊氏』『幕末・明治激動の25年』『太平洋戦争と日本の命運』『文字なき古代の列島史』『日本現代史考』（大蔵財務協会刊）

歴史は語る、歴史に学ぶ
現代史考、武士政権考、古代史考

令和7年3月27日　初版印刷
令和7年4月10日　初版発行

著者　石坂匡身

（一財）大蔵財務協会　理事長
発行者　木村幸俊

発行所　一般財団法人　大蔵財務協会
〔郵便番号 130-8585〕
東京都墨田区東駒形1丁目14番1号
（販売部）TEL03(3829)4141・FAX03(3829)4001
（出版編集部）TEL03(3829)4142・FAX03(3829)4005
http://www.zaikyo.or.jp

乱丁・落丁はお取替えいたします。

ISBN978-4-7547-3314-8

印刷　恵友社